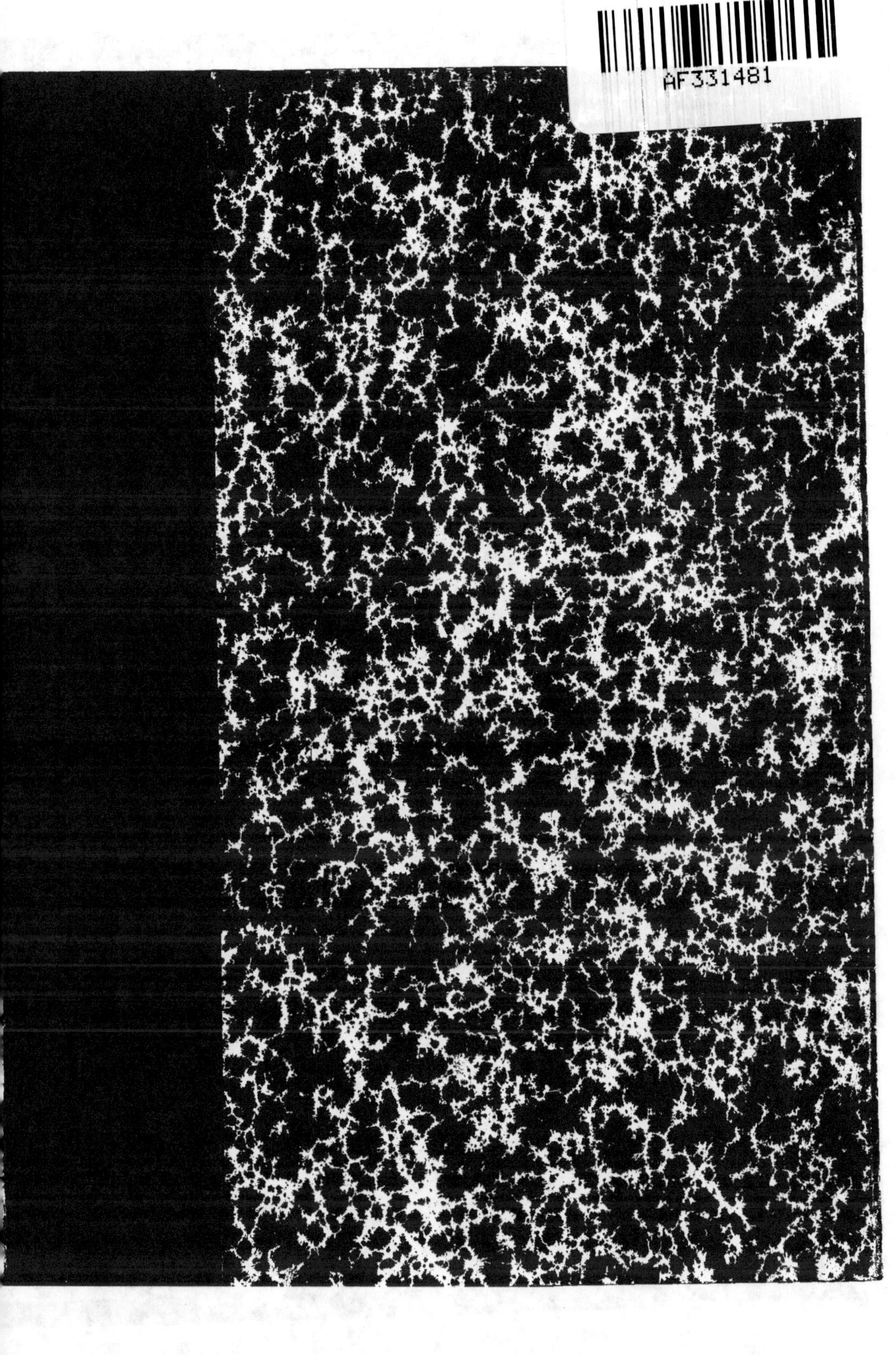

AF331481

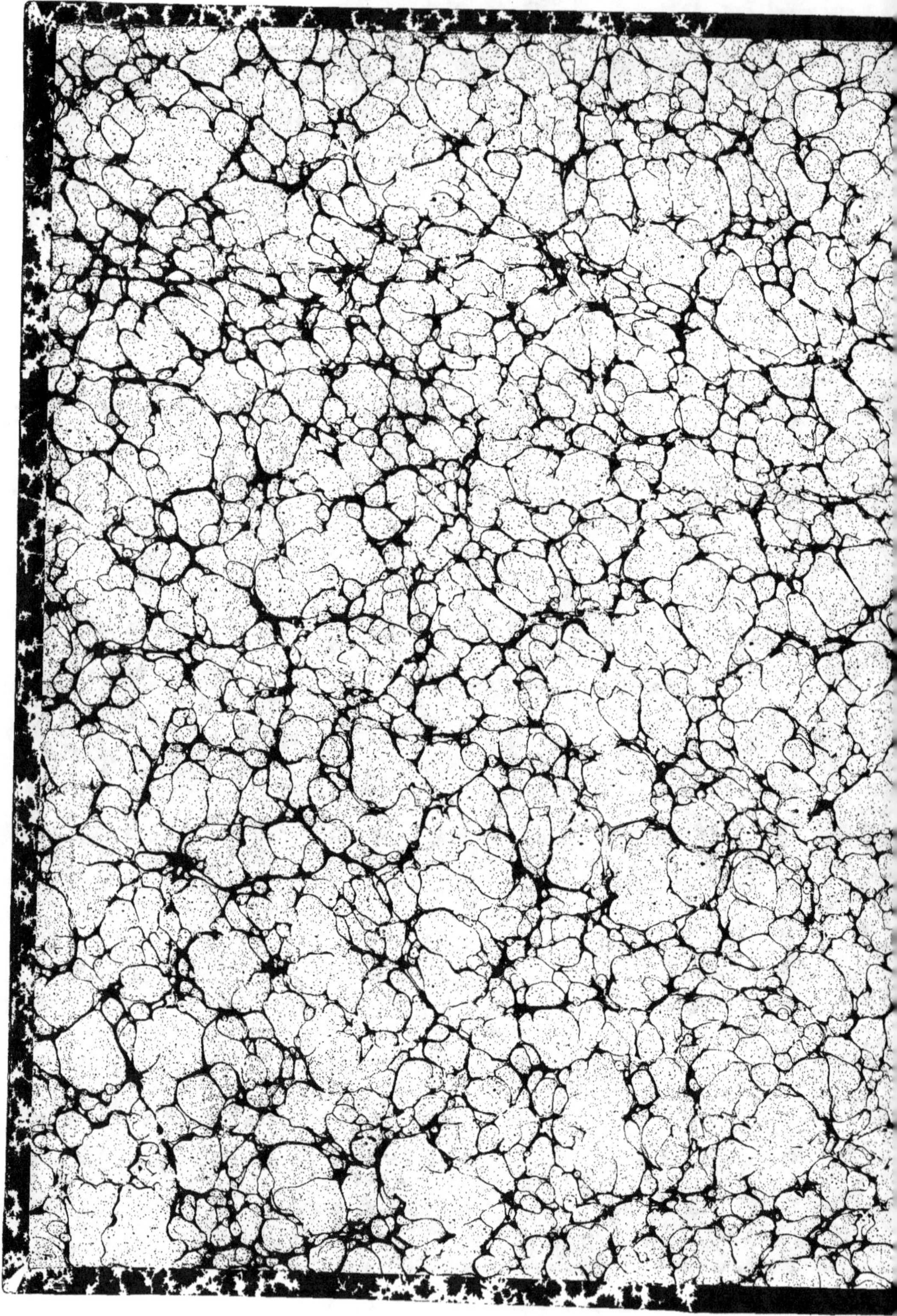

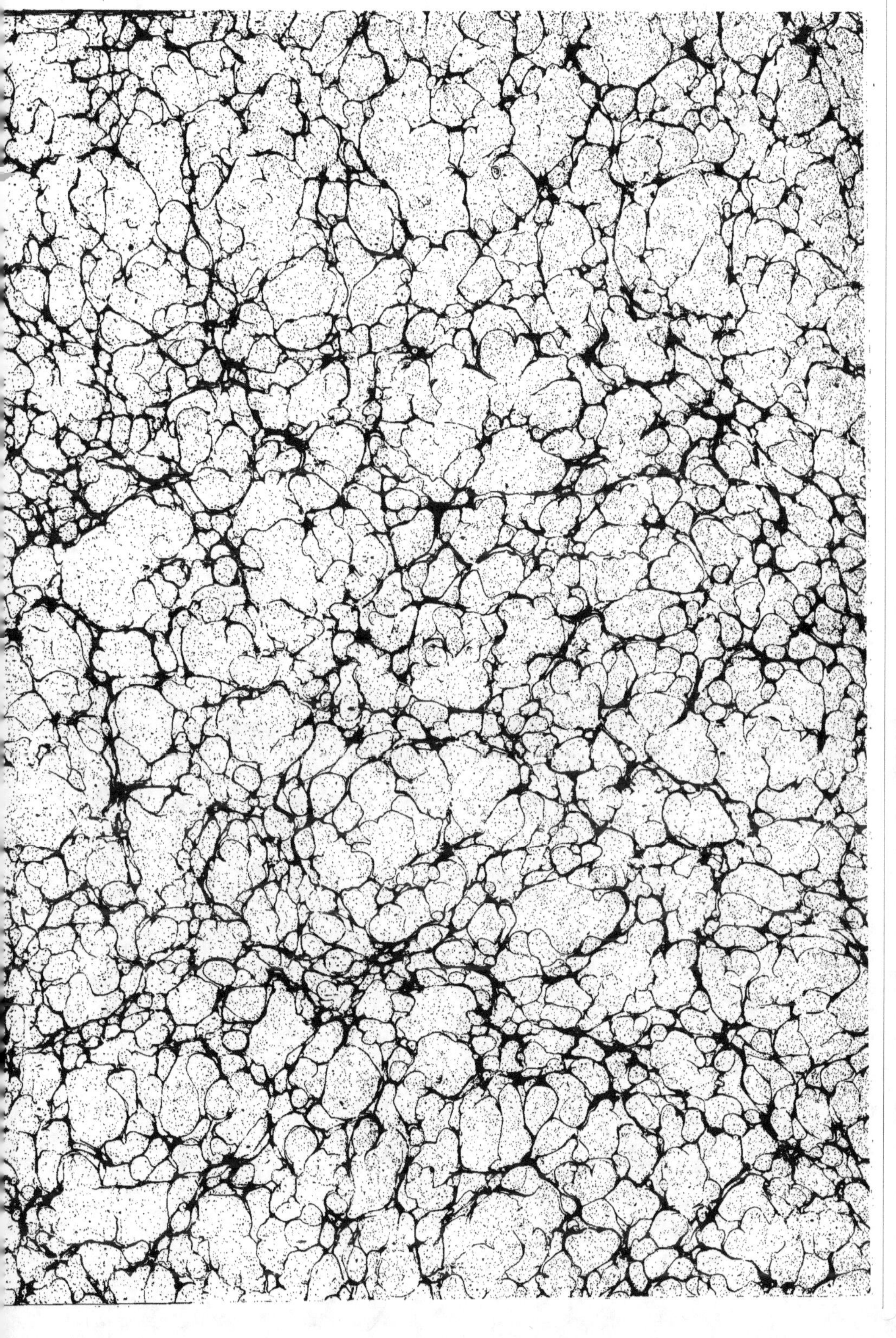

PALAIS DES BEAUX-ARTS
DE LA VILLE DE PARIS

COLLECTION DUTUIT

MUSÉE MUNICIPAL

RELATION OFFICIELLE DES INAUGURATIONS
7 MARS 1901 – 11 DÉCEMBRE 1902

PARIS
IMPRIMERIE NATIONALE

MDCCCCIII

PALAIS DES BEAUX-ARTS
DE LA VILLE DE PARIS

COLLECTION DUTUIT

MUSÉE MUNICIPAL

RELATION OFFICIELLE DES INAUGURATIONS
7 MARS 1901 - 11 DÉCEMBRE 1902

PALAIS DES BEAUX-ARTS
DE LA VILLE DE PARIS

COLLECTION DUTUIT

MUSÉE MUNICIPAL

RELATION OFFICIELLE DES INAUGURATIONS

7 MARS 1901 - 11 DÉCEMBRE 1902

PARIS

IMPRIMERIE NATIONALE

MDCCCCIII

CONSEIL MUNICIPAL

DE PARIS

B

BUREAU

DU

CONSEIL MUNICIPAL DE PARIS.

(ÉLU LORS DE LA 2ᵉ SESSION ORDINAIRE, LE 30 MAI 1900.)

PRÉSIDENT.

M. Armand GRÉBAUVAL.

VICE-PRÉSIDENTS.

MM. Paul ESCUDIER.
LEVÉE.

SECRÉTAIRES.

MM. Edmond LEPELLETIER.
DUVAL-ARNOULD.
René PIAULT.
BARANTON.

SYNDIC.

M. Ernest GAY.

B.

BUREAU

DU

CONSEIL MUNICIPAL DE PARIS.

(ÉLU LORS DE LA 1ʳᵉ SESSION ORDINAIRE, LE 10 MARS 1902.)

PRÉSIDENT.

M. Paul ESCUDIER.

VICE-PRÉSIDENTS.

MM. René PIAULT.
LE MENUET.

SECRÉTAIRES.

MM. CHÉROT.
Maurice QUENTIN.
Adrien MITHOUARD.
DUBUC.

SYNDIC.

M. Ernest GAY.

ADMINISTRATION DE LA VILLE DE PARIS
ET DU DÉPARTEMENT DE LA SEINE.

Préfet de la Seine : M. DE SELVES.

Secrétaire général de la Préfecture de la Seine : M. Autrand.
Directeur du Cabinet du Préfet de la Seine : M. Armand Bernard.

Préfet de police : M. LÉPINE.

Secrétaire général de la Préfecture de police : M. Laurent.
Directeur du Cabinet du Préfet de police : M. Arnaud.

PRÉFECTURE DE LA SEINE.

Directeur des Finances : M. Fichet.
Directeur de l'Enseignement : M. Bedorez.
Directeur de l'Assistance publique : M. Mourier.
Directeur de l'Octroi : M. Delcamp.
Directeur du Mont-de-Piété : M. Duval.
Directeur des Affaires municipales : M. Menant.
Directeur des Affaires départementales : M. Defrance.
Directeur des Travaux : M. de Pontich.
Directeur des Services administratifs d'architecture : M. Bouvard.
Directeur de l'Inspection générale et du Contentieux : M. Derouin.
Directeur du Personnel : M. Quennec.
Receveur municipal : M. Courbet.
Secrétaire général de l'Assistance publique : M. Thilloy.
Chef du service du Matériel : M. Dardenne.
Inspecteur des Beaux-Arts : M. Brown.

SERVICES TECHNIQUES.

Voie publique : M. Boreux, *inspecteur général des ponts et chaussées.*
Assainissement. — Eaux : M. Bechmann, *ingénieur en chef des ponts et chaussées.*
Architecte-voyer en chef : M. Sauger.
Hygiène : M. le Dr A.-J. Martin.
Services départementaux : M. Hétier, *ingénieur en chef des ponts et chaussées.*

SECRÉTARIATS DES CONSEILS MUNICIPAL ET GÉNÉRAL.

Chef de service : M. X. Paoletti.
Chef de cabinet du Président, chef de service adjoint : M. Clément.

LISTE ALPHABÉTIQUE

DE

MM. LES MEMBRES DU CONSEIL MUNICIPAL DE PARIS.

MM.

ACHILLE, négociant, *quartier des Archives* (IIIe arrondissement), rue du Temple, 178.

ALPY, docteur en droit, avocat à la Cour d'appel, *quartier de l'Odéon* (VIe arrondissement), rue Bonaparte, 68.

ARCHAIN, correcteur-typographe, *quartier Saint-Fargeau* (XXe arrondissement), rue Pelleport, 165.

AUFFRAY (Jules), avocat à la Cour d'appel, *quartier de la Sorbonne* (V[e] arrondissement), boulevard Raspail, 127.

BALLIÈRE, architecte, *quartier de Clignancourt* (XVIIIe arrondissement), rue Caulaincourt, 123.

BARANTON, avocat à la Cour d'appel, *quartier Notre-Dame* (IVe arrondissement), rue Michel-Chasles, 3.

BARILLIER, marchand boucher, *quartier Rochechouart* (IXe arrondissement), avenue Trudaine, 27.

BELLAN, négociant, *quartier du Mail* (IIe arrondissement), rue des Jeûneurs, 30.

BERTHAUT, facteur de pianos, *quartier de Belleville* (XXe arrondissement), rue des Couronnes, 122.

BERTROU (Gabriel), avocat à la Cour d'appel, *quartier Gaillon* (IIe arrondissement), rue de Lisbonne, 11.

MM.

Brenot, industriel, *quartier Sainte-Avoye* (iiie arrondissement), rue Porte-foin, 16.

Brousse (Paul), docteur en médecine, *quartier des Épinettes* (xviie arrondissement), avenue de Clichy, 81.

Bussat, représentant de commerce, *quartier de la Chapelle* (xviiie arrondissement), boulevard de la Chapelle, 14.

Caire (César), docteur en droit, avocat à la Cour d'appel, *quartier de l'Europe* (viiie arrondissement), rue de Constantinople, 39.

Caplain, *quartier de la Muette* (xvie arrondissement), chaussée de la Muette, 6.

Caron (Ernest), avocat, ancien agréé, *quartier Vivienne* (iie arrondissement), rue Saint-Lazare, 80.

Caron (Julien), mécanicien, *quartier de Bonne-Nouvelle* (iie arrondissement), rue Greneta, 23.

Chassaigne-Goyon, docteur en droit, avocat, *quartier du Faubourg-du-Roule* (viiie arrondissement), rue de La Boétie, 110.

Chausse, ébéniste, *quartier Sainte-Marguerite* (xie arrondissement), boulevard Voltaire, 273.

Chautard, docteur ès sciences, *quartier Necker* (xve arrondissement), rue Olivier-de-Serres, 15.

Chérioux (Adolphe), entrepreneur de maçonnerie, *quartier Saint-Lambert* (xve arrondissement), rue de l'Abbé-Groult, 95.

Chérot, docteur en médecine, *quartier du Val-de-Grâce* (ve arrondissement), boulevard Saint-Michel, 39.

Colly, imprimeur, *quartier de Bercy* (xiie arrondissement), rue Baulant, 11.

Dausset (Louis), agrégé de l'Université, *quartier des Enfants-Rouges* (iiie arrondissement), rue Béranger, 6.

MM.

Baron Despatys, ancien magistrat, *quartier de la Place-Vendôme* (Ier arrondissement), place Vendôme, 22.

Desplas, avocat, *quartier du Jardin-des-Plantes* (v^e arrondissement), rue de l'Arbalète, 34.

Deville, avocat à la Cour d'appel, *quartier Notre-Dame-des-Champs* (vi^e arrondissement), rue du Regard, 12.

Dubuc, ingénieur civil, *quartier des Arts-et-Métiers* (iiie arrondissement), rue Meslay, 31.

Duval-Arnould, docteur en droit, avocat à la Cour d'appel, *quartier Saint-Germain-des-Prés* (vi^e arrondissement), rue de Rennes, 95.

Escudier (Paul), avocat à la Cour d'appel, *quartier Saint-Georges* (ixe arrondissement), rue Moncey, 20.

Evain, avocat à la Cour d'appel, *quartier d'Auteuil* (xvie arrondissement), rue Michel-Ange, 68.

Faillet, comptable, *quartier de l'Hôpital-Saint-Louis* (x^e arrondissement), boulevard de la Villette, 57.

Fortin, ancien papetier-imprimeur, *quartier de Chaillot* (xvie arrondissement), rue de l'Université, 107.

Foursin (Pierre), *quartier de la Goutte-d'Or* (xviiie arrondissement), rue Doudeauville, 66.

Fribourg, employé, *quartier de Picpus* (xiie arrondissement), rue de Turenne, 106.

Froment-Meurice (François), industriel, *quartier de la Madeleine* (viiie arrondissement), rue d'Anjou, 46.

Galli (Henri), homme de lettres, *quartier de l'Arsenal* (ive arrondissement), rue de Courcelles, 111 *bis*.

Gay, publiciste, *quartier de la Porte-Dauphine* (xvie arrondissement), rue de Sfax, 4.

MM.

GELEZ, employé, *quartier Saint-Ambroise* (xie arrondissement), rue du Chemin-Vert, 99.

GRÉBAUVAL (Armand), homme de lettres, *quartier du Combat* (xixe arrondissement), rue de la Villette, 47.

HÉNAFFE, graveur, *quartier de la Santé* (xive arrondissement), rue de la Tombe-Issoire, 36.

HOLDÉ, industriel, *quartier de la Porte-Saint-Martin* (x^e arrondissement), rue Albouy, 29.

JOUSSELIN, rentier, *quartier des Ternes* (xviie arrondissement), avenue de Mac-Mahon, 35.

LAJARRIGE, chaudronnier en cuivre, *quartier du Pont-de-Flandre* (xixe arrondissement), rue de Flandre, 130.

LAMBELIN (Roger), publiciste, *quartier des Invalides* (viie arrondissement), rue Saint-Dominique, 30.

LANDRIN, ciseleur, *quartier du Père-Lachaise* (xxe arrondissement), rue des Prairies, 81.

LE MENUET (Ferdinand), *quartier Saint-Germain-l'Auxerrois* (i^{er} arrondissement), rue de Rivoli, 67.

LEVÉE, industriel, *quartier du Palais-Royal* (i^{er} arrondissement), rue de Rivoli, 176.

MARSOULAN, fabricant de papiers peints, *quartier du Bel-Air* (xiie arrondissement), rue de Paris, 90-92, à Charenton (Seine).

MÉRY (Gaston), homme de lettres, *quartier du Faubourg-Montmartre* (ixe arrondissement), rue de La Tour d'Auvergne, 44.

MITHOUARD (Adrien), homme de lettres, *quartier de l'École-Militaire* (viie arrondissement), place Saint-François-Xavier, 10.

MOREAU (Alfred), corroyeur, *quartier Croulebarbe* (xiiie arrondissement), boulevard Arago, 38.

MM.

Moreau (Ernest), forgeron, *quartier de Grenelle* (XVe arrondissement), rue Violet, 39.

Morel (Pierre), employé, *quartier des Quinze-Vingts* (XIIe arrondissement), boulevard Diderot, 84.

Mossot, négociant en vins, *quartier de la Salpêtrière* (XIIIe arrondissement), rue Lebrun, 11.

Navarre, docteur en médecine, *quartier de la Gare* (XIIIe arrondissement), avenue des Gobelins, 30.

Opportun, ancien commerçant, *quartier Saint-Merri* (IVe arrondissement), rue des Archives, 13.

Pannelier, photographe, *quartier de Plaisance* (XIVe arrondissement), avenue du Maine, 76.

Paris, ouvrier charron, *quartier de la Villette* (XIXe arrondissement), rue de Flandre, 33.

Patenne, graveur, *quartier de Charonne* (XXe arrondissement), rue des Pyrénées, 89.

Piault (René), avocat à la Cour d'appel, *quartier de la Chaussée-d'Antin* (IXe arrondissement), rue de Mogador, 12.

Piperaud, ancien chef d'institution, *quartier Saint-Gervais* (IVe arrondissement), rue de Sévigné, 12.

Poirier de Narçay, docteur en médecine et homme de lettres, *quartier du Petit-Montrouge* (XIVe arrondissement), rue d'Alésia, 81.

Poiry, peintre d'enseignes et décorateur, *quartier de Javel* (XVe arrondissement), rue des Bergers, 16.

Pugliesi-Conti, avocat à la Cour d'appel, *quartier de la Plaine-Monceau* (XVIIe arrondissement), avenue de Villiers, 19.

Quentin (Maurice), docteur en droit, avocat à la Cour d'appel, *quartier des Halles* (Ier arrondissement), passage Saint-Paul, 5.

MM.

Quentin-Bauchart, avocat et homme de lettres, *quartier des Champs-Élysées* (viiie arrondissement), rue François-Ier, 31.

Ranson, représentant de commerce, *quartier du Montparnasse* (xive arrondissement), rue Froidevaux, 6.

Ranvier, peintre éventailliste, *quartier de la Roquette* (xie arrondissement), rue Camille-Desmoulins, 3.

Rendu (Ambroise), docteur en droit, avocat à la Cour d'appel, *quartier Saint-Thomas-d'Aquin* (viie arrondissement), rue de Lille, 36.

Roussel (Félix), docteur en droit, avocat à la Cour d'appel, *quartier de la Monnaie* (vi^e arrondissement), rue des Saints-Pères, 11.

Rousselle (Henri), commissionnaire en vins, *quartier de la Maison-Blanche* (xiiie arrondissement), rue Hallé, 34.

Rousset (Camille), éditeur, *quartier Saint-Vincent-de-Paul* (x^e arrondissement), rue Lafayette, 114.

Rozier (Arthur), employé, *quartier d'Amérique* (xixe arrondissement), rue Compans, 60.

Sauton, architecte, *quartier Saint-Victor* (v^e arrondissement), place Maubert, 3.

Sohier, *quartier des Batignolles* (xviie arrondissement), boulevard de Courcelles, 87.

Spronck (Maurice), avocat à la Cour d'appel, *quartier du Gros-Caillou* (viie arrondissement), rue du Pont-de-Lodi, 5.

Tournade, négociant, *quartier de la Porte-Saint-Denis* (x^e arrondissement), rue des Marais, 95.

Turot (Henri), publiciste, *quartier des Grandes-Carrières* (xviiie arrondissement), rue d'Orsel, 47 *ter*.

Weber (Joseph), représentant de commerce, *quartier de la Folie-Méricourt* (xie arrondissement), rue d'Angoulême, 37.

AVANT-PROPOS.

Le Bureau du Conseil municipal a décidé que les comptes rendus des cérémonies d'inauguration du Petit Palais de la Ville de Paris en 1901, du Musée municipal et de la Collection Dutuit en 1902, seraient publiés dans la série des relations officielles rédigées par la Municipalité pour conserver le souvenir des événements importants intéressant l'histoire de Paris.

Les circonstances qui ont doté la capitale d'un palais comparable à ses plus beaux monuments et d'une collection unique d'art rétrospectif, la remise au public des collections municipales, réunies à la longue par la sollicitude de la Commission des beaux-arts, devaient marquer leur trace dans cette chronique.

La Ville de Paris qui, depuis près d'un siècle, consacre chaque année des crédits considérables à l'acquisition d'œuvres de peinture et de sculpture, avait en sa possession le fonds d'un musée artistique où les plus belles œuvres statuaires, les spécimens les plus intéressants des diverses écoles de peinture moderne se trouvaient réunis aux richesses provenant d'anciennes églises ou de propriétés communales.

A aucune époque, la volonté de la Municipalité d'ouvrir au public l'accès de ces collections n'avait pu être sanctionnée, Paris ne possédant aucun monument où celles-ci pussent être exposées dignement. Aussi, lorsque le Conseil municipal apporta sa large subvention à l'Exposition universelle de 1900, imposa-t-il à l'État, dans son contrat de participation, la cession en pleine propriété de l'un des palais qui seraient construits au cœur de la promenade des Champs-Élysées.

Il sut, de plus, obtenir pour ses représentants une place importante dans les jurys de concours, et son intervention se manifesta en toutes les circonstances où les intérêts artistiques et matériels de la capitale pouvaient être engagés. Le merveilleux palais qui appartient aujourd'hui à la Ville de Paris peut donc, à juste titre, être considéré comme une nouvelle richesse acquise à son patrimoine par l'initiative et la vigilance de la Municipalité.

Il fut inauguré solennellement lors de sa remise à la Ville en 1901, et M. Émile Loubet, Président de la République, assista, en 1902, à la fête qui consacra l'ouverture du Musée municipal et de la Collection Dutuit.

Le Bureau du Conseil municipal a chargé M. Ernest Gay, syndic, de présider à la publication de la relation officielle de ces deux cérémonies en réunissant tous les éléments documentaires qui constituent l'historique de la création du Palais des Beaux-Arts et de la fondation des musées. La rédaction en a été confiée à M. Émile Schwartz, chef de bureau à la Préfecture de la Seine, secrétaire du syndic du Conseil municipal. MM. Escolier et Y. Rambosson, attachés au Palais des Beaux-Arts, ont prêté leur concours pour la description des collections des deux musées.

Les travaux d'impression ont été confiés à l'Imprimerie nationale. Divers documents d'illustration ont été communiqués par
MM. Lansiaux, Neurdein, photographes, Ludovic Baschet,
Schnerb, éditeurs, qui ont voulu prêter à la Municipalité une
précieuse collaboration.

Le présent ouvrage envisagera en des chapitres différents :

La genèse du Palais des Beaux-Arts de la Ville de Paris; les
négociations qui ont précédé son édification et sa remise à la Ville;

La description du Palais;

La cérémonie qui accompagna sa remise à la Ville de Paris;

L'historique du legs Dutuit;

L'inauguration des collections et du musée municipal;

Une notice sur l'exposition de la collection Dutuit;

Une notice sur les collections artistiques exposées au musée de
la Ville de Paris.

LE PALAIS DES BEAUX-ARTS

ENSEMBLE (FRONTISPICE)

(Cliché Neurdein)

CHAPITRE PREMIER.

HISTORIQUE DU PALAIS DES BEAUX-ARTS
DE LA VILLE DE PARIS.

Le Palais des Beaux-Arts de la Ville de Paris a été construit à l'occasion de l'Exposition universelle de 1900, en vue de renfermer les merveilleuses collections de l'art rétrospectif français.

Il porta à cette époque et conserva jusqu'en 1901 la dénomination de Petit Palais de la Ville de Paris, par opposition au nom de Grand Palais donné à l'édifice plus vaste qui lui fait face sur l'avenue Alexandre III et qui appartient à l'État.

Un arrêté préfectoral du 3 décembre 1901 a fixé définitivement l'appellation actuelle.

Le 9 août 1894, un arrêté ministériel avait ouvert un concours pour l'édification des bâtiments de l'Exposition universelle de 1900. Le programme, rédigé de manière à laisser un libre essor au talent et au génie inventif des concurrents, ne leur imposait que les conditions strictement indispensables pour assurer la classification des produits, l'aménagement et l'exploitation des services et la conservation des plantations appartenant à la Ville de Paris. Sauf le Palais du Trocadéro, les monuments compris dans le périmètre de l'Exposition pouvaient être transformés ou démolis si les concurrents le jugeaient à propos; cette faculté s'étendait à la Tour de 3oo mètres.

La science, le goût, la hardiesse de conception et l'originalité dont firent preuve les artistes qui prirent part au concours dépassèrent toutes les espérances et permirent de concevoir la réalisation de nouveaux embellissements de la capitale appelés à survivre à l'Exposition.

Plusieurs concurrents, usant résolument de la faculté concédée de faire table rase des édifices existants, avaient eu l'idée hardie de supprimer le Palais de l'Industrie érigé aux Champs-Élysées lors de l'Exposition de 1855. Ils substituaient à cet immense vaisseau de somptueux édifices en bordure d'une large promenade créée entre les Champs-Élysées et l'Esplanade des Invalides, franchissant la Seine par un pont monumental : à droite, en regardant les Invalides, serait érigé le palais des Beaux-Arts; à gauche, et en face de ce palais, s'élèverait celui de l'exposition rétrospective de l'art français. Ces deux édifices seraient, avec le pont monumental, les seules constructions définitives de l'Exposition.

L'impression du jury fut unanime; pas une note discordante ne se fit entendre, et son président, M. GUADET, membre du Conseil supérieur des bâtiments civils, posa avec autorité le principe de la réalisation de ces embellissements.

Voici en quels termes s'exprime le rapport qu'il présenta sur les opérations du jury :

Le rond-point d'où s'apercevraient ces splendides perspectives, l'arc de l'Étoile, la place de la Concorde et la coupole des Invalides, serait unique et admirable, et cette combinaison assurerait la conservation perpétuelle de l'esplanade des Invalides, annexée désormais aux Champs-Élysées, ainsi que l'unité des deux rives de la Seine. Il est donc très désirable que l'Exposition laisse après elle ce magnifique souvenir. Mais il faut, pour cela, sacrifier le palais des Champs-Élysées ou plutôt le reconstruire ailleurs comme monument définitif et aussi rapidement que possible. Il y a là une question de dépense que le jury ne peut qu'indiquer; le Gouvernement et le Parlement auront, le cas échéant, à la résoudre. Nous ne pouvons, quant à présent, que faire ressortir l'intérêt de premier ordre que présenterait, au point de vue de l'aspect monumental de Paris, cette proposition hardie et qu'appeler sur elle toute l'attention des pouvoirs publics.

L'opinion se révéla si enthousiaste dès le premier instant qu'aucune hésitation ne fut possible; ces magnifiques projets devaient se réaliser. Paris, confiant dans le génie de ses artistes, n'hésitait pas à permettre que la célèbre promenade des Champs-Élysées, admirée du monde entier, subit dans son unité des modifications si importantes!

Le Palais de l'Industrie, dont la condamnation était dès lors prononcée, avait été construit en 1853 en vue de l'Exposition universelle de 1855. En dernier lieu, aux termes d'une convention du 16 juillet 1891, l'État payait à la Ville de Paris un loyer de 15,000 francs, pour occupation du sol, d'une superficie de 32,400 mètres, dont elle était restée propriétaire. La location avait été consentie pour une durée de dix-huit ans avec réserve d'un partage éventuel de bénéfices. En outre, l'État devait faire jouir gratuitement la Ville des locaux occupés par un poste et un commissariat de police, un bureau de l'octroi, un poste des sapeurs-pompiers, la salle de revision et des tirages, le service des promenades et le matériel des fêtes. Enfin, la Ville se réservait l'usage gratuit du palais pour les fêtes qu'elle pourrait donner dans ce local.

Le Palais de l'Industrie était un lieu de rendez-vous familier aux Parisiens à raison des attractions qui s'y succédaient périodiquement. C'était le seul vaisseau où pussent s'organiser les grandes manifestations annuelles : salons, concours hippiques, concours agricoles et horticoles, festivals, grandes exhibitions.

Ce palais à tout faire, dit M. PASCAL dans son rapport sur les décisions du jury, a vu de bien grandes fêtes et bien des personnages maintenant historiques, des distributions de récompenses d'allure gigantesque, des exécutions musicales colossales; il nous a servi de vaste grenier à provisions, de magasin de décors, de musée des colonies, de caserne, d'écurie, d'abri précieux pendant ce long siège de Paris. Nos petits conscrits y sont venus bruyamment pendant tant d'années prendre part avec gaieté au tirage au sort! Grandes agglomérations, services publics exceptionnels dans les circonstances critiques — la guerre et la paix — cette vaste enceinte se prêtait à tout abriter, et elle pouvait, en outre, offrir à l'occasion des petits coins aux expositions délicates de l'art de la femme, aux œuvres de bienfaisance, à tant de manifestations de l'effort ou de la bonté, qu'il serait plus facile de dire à quoi elle n'a pas été utile que d'énumérer les services qu'elle a rendus.

C'est de ce vieux serviteur qu'il faut se débarrasser, et sa vie de monument n'a pas été bien longue, car plus d'un parmi nous se peut souvenir de l'inquiétude que sa construction avait fait naître lorsque le carré Marigny, où on faisait la petite guerre, a cessé d'être à la disposition de nos troupiers, comme plus tard les grandes expositions les ont chassés du Champ de Mars pour le champ de manœuvres d'Issy.

Le 10 août 1889, le cortège des maires de France réuni à l'Hôtel de Ville, s'y était rendu à travers un immense concours de foule qui l'acclamait, et les représentants de 14,000 communes avaient pris place à table sous la présidence de M. Carnot; l'Exposition de 1889 était à son apogée!

On ne peut dire qu'on ait vu de gaieté de cœur disparaître un édifice qui avait rendu et rendait encore des services incontestables, auquel s'attachait le souvenir de belles journées d'art, de plaisir, d'émotions enthousiastes.

Jamais, dit M. GUADET, on ne se sépare sans regrets des vieux serviteurs, et pourtant il vient une heure où cette séparation s'accomplit fatalement. Quelle qu'ait été l'utilité du Palais de l'Industrie, personne n'en défendra chaudement la valeur esthétique. Personne ne méconnaîtra la position fâcheuse qui lui a été assignée : dès le jour où il était sorti de terre, la critique blâmait sévèrement l'interception d'une des plus belles perspectives de Paris, condamnait ce masque lourd et compact placé entre les Champs-Élysées et la coupole des Invalides. Personne ne niera les réparations que nécessite le bâtiment actuel et dont la dépense pourrait être plus avantageusement consacrée à une œuvre digne de la grande ville.

M. Quentin-Bauchart, conseiller municipal représentant le quartier des Champs-Élysées, avait, dans la séance du 18 juin 1894, déposé une proposition tendant à l'organisation d'un concours en vue de la reconstruction ou de la transformation du Palais de l'Industrie.

Devant l'unanimité de ces vœux, les négociations furent poussées activement.

Le Conseil municipal, légitimement soucieux de prendre part à toutes les décisions qui intéressaient à un si haut point la Ville de Paris, s'était, dès les premières études, mis en rapport avec la Commission supérieure de l'Exposition.

Le 19 juin 1895, M. Ernest Rousselle, président du Conseil municipal et de la Commission municipale de l'Exposition universelle [1], adressait à M. Lebon, Ministre du commerce, de l'industrie et des postes et télégraphes, la lettre suivante :

Monsieur le Ministre,

J'ai l'honneur de vous informer que la Commission de l'Exposition, tout en ayant approuvé en principe l'avant-projet au point de vue de ses dispositions générales, a pris les résolutions suivantes :

« La Commission décide que la convention à intervenir entre la Ville et l'État doit porter sur les plans, sur les devis, la combinaison financière et la détermination des droits respectifs de l'État et de la Ville, *et sur la propriété des palais.* » . . . .
. . . .

M. le Ministre du commerce répondit le 21 juin par une dépêche qui invitait la Commission à conférer avec le Ministre assisté de M. le Commissaire général, et contenait notamment la disposition suivante :

Sous le bénéfice de cette réserve, je passe aux questions nouvelles posées par votre lettre :

1° *Droits respectifs de l'État et de la Ville sur les nouveaux palais entre le Cours-la-Reine et les Champs-Élysées.* — M. le Commissaire général, chargé de régler avec M. le Préfet de la Seine les détails de la convention, a proposé les dispositions suivantes :

« La Ville recevra, en remplacement du pavillon qu'elle possède au Cours-la-Reine, *une partie d'égale surface* du petit palais à construire sur

[1] Cette Commission était composée de MM. Rousselle, *président;* Alexis Muzet, *vice-président;* Caumeau, Lazies, *secrétaires;* Sauton, Arsène Lopin, Paul Strauss, Caron, Pierre Baudin, Maury, Champoudry, Hattat, Deschamps, Bompard, Bassinet, Foussier, Fourest, Gay, Quentin-Bauchard, Thuillier, *membres.*

la gauche de la nouvelle promenade des Champs-Élysées vers l'esplanade des Invalides.

« Les effets de la convention passée le 16 juillet 1891 entre la Ville et l'État au sujet du palais de l'Industrie et approuvée par la loi du 24 décembre 1891 seront reportés sur les édifices nouveaux à établir par l'État, en bordure de la nouvelle promenade des Champs-Élysées vers l'esplanade des Invalides, dans les limites d'emprise définies au plan qui restera annexé à la convention. »

Ces dispositions, sur lesquelles l'accord s'est établi entre M. le Commissaire général et M. le Préfet de la Seine, me semblent concilier dans une juste mesure les intérêts respectifs de l'État et de la Ville.......

. . . .

A la suite de la conférence instituée au Ministère, M. Ernest Rousselle, précisant les points en discussion, écrivait à M. le Ministre du commerce :

Quant aux palais à édifier à titre définitif, la Commission estime qu'il y a pour la Ville de Paris un intérêt de premier ordre à ce qu'ils soient, au point de vue esthétique comme au point de vue du choix des matériaux et de la solidité des constructions, dignes à tous égards de la capitale de la France.

Elle désire donc que le Conseil municipal soit consulté sur le programme du concours qui sera ouvert pour l'exécution de ces palais et qu'on le consulte aussi pour les modifications de nos promenades publiques.

M. le Ministre du commerce, de l'industrie et des postes et télégraphes en prenait l'engagement par lettre du 27 juin.

La Commission avait de plus obtenu la promesse qu'au lieu d'opérer dans le petit palais des reprises équivalentes à la superficie du pavillon qu'elle cédait, la Ville de Paris acquerrait la propriété de cet édifice tout entier, les conditions de location actuelles du Palais de l'Industrie s'appliquant au grand palais des beaux-arts qui remplacerait ce dernier.

Le pavillon de la Ville de Paris dont la démolition devenait indispensable avait été construit, sur les plans et sous la direction de M. Bouvard, en 1877-1878, au Champ de Mars, au milieu du Jardin central de l'Exposition universelle pour contenir les œuvres d'art et les objets exposés par la Ville de Paris et le département de la Seine.

Démonté pièce par pièce à la clôture de l'Exposition, il fut transporté et réédifié aux Champs-Élysées dans le triangle formé par le Palais de l'Industrie, l'avenue d'Antin et le Cours-la-Reine et utilisé d'abord pour des examens et des expositions particulières, puis comme musée des collections artistiques municipales.

En 1895, sur le rapport présenté par M. Pierre Baudin au nom de la Commission de l'Exposition de 1900, et à la suite des pourparlers engagés avec le Ministère du commerce, de l'industrie et des postes et télégraphes, le Conseil municipal adopta le principe de la disparition de ce pavillon sous la condition que l'un des palais à construire en remplacement du Palais de l'Industrie appartiendrait à la Ville de Paris.

Une convention intervint avec l'État et fut ratifiée par la loi du 13 juin.

Elle attribue à la Ville : « en remplacement du pavillon qu'elle possède au Cours-la-Reine, la totalité du petit palais à construire sur la gauche de la nouvelle promenade des Champs-Élysées à l'Esplanade des Invalides ».

Restait à déterminer les conditions du concours et, là encore, la Municipalité témoigna de sa vigilante sollicitude à suivre les travaux préparatoires de la Commission supérieure de l'Exposition.

Sur le point particulier de la distribution, de la forme et de la décoration des deux édifices, *établis à titre définitif,* dit le rapport de M. Pierre BAUDIN, rien ne saurait être arrêté ferme avant le coucours qui aura lieu pour leurs constructions et les études complémentaires auxquelles ils donneront lieu. Le programme de ce concours devra être agréé par le Conseil municipal, qui devra être également appelé à participer dans la plus large part au jugement du concours.

M. le Préfet de la Seine soumit au Conseil municipal, par son mémoire du 8 novembre 1895, le projet de programme de concours dont il avait été saisi par M. le Ministre du commerce, de l'industrie et des postes et télégraphes.

Ce programme avait été élaboré par le Comité des directeurs de l'Exposition, auquel avaient été adjoints pour la circonstance le vice-président de l'Académie de Beaux-Arts, le président et un vice-président de la Société des artistes français, le président et un vice-président de la Société nationale des beaux-arts, le président de la Société centrale des architectes, le président de la Société nationale du concours hippique, le directeur des Beaux-Arts et le directeur de l'Agriculture.

Il avait été approuvé avec quelques modifications de détails par la Commission supérieure de l'Exposition.

Tous les intérêts artistiques ou autres, engagés dans la question de la démolition du Palais de l'Industrie étaient donc représentés et l'accord intervenu était une garantie que la transformation des Champs-Élysées se ferait sans gêner sérieusement ni les expositions annuelles, ni les concours hippique ou agricole.

Un plan général relevé à l'échelle de 2 millimètres par mètre, déterminant des emplacements attribués aux constructions et aux abords des nouveaux palais, fut joint au rapport que M. Lazies présenta au Conseil municipal dans la séance du 22 avril 1896.

Le programme spécifiait que les concurrents devraient se renfermer dans les limites extrêmes des emprises indiquées à ce plan établi de façon à répondre aux dispositions du projet d'ensemble de l'Exposition, en ménageant le plus possible les beaux arbres de cette partie des Champs-Élysées. Il réglait, en outre, les conditions de distribution des deux palais définitifs, la nature et le nombre des dessins à produire, les primes à accorder et enfin la composition du jury.

Pour cette dernière disposition, le programme laissait au Conseil municipal la désignation de huit membres, nombre égal à celui des représentants de l'administration de l'Exposition et à celui des membres laissés au choix du Ministre du commerce et de l'industrie. Le nombre des jurés à élire par les concurrents était fixé à douze.

Nous reproduisons en annexe le texte qui, joint au plan d'ensemble, constituait le programme du Concours.

Le Conseil municipal adoptant les conclusions du rapport de M. Lazies prit, dans sa séance du 22 avril, la délibération ci-après :

Le Conseil,

Vu le mémoire, en date du 9 novembre 1895, par lequel M. le Préfet de la Seine soumet à son approbation :

1° Le programme du concours élaboré par l'Administration de l'Exposition universelle de 1900 pour la construction de deux palais à édifier aux Champs-Élysées en remplacement du Palais de l'Industrie et du pavillon actuel de la Ville de Paris;

2° Le plan général des emplacements attribués aux constructions et abords des nouveaux palais, à l'échelle de 2 millimètres par mètre;

Vu la dépêche ministérielle du 1er novembre 1895 ;

Vu sa délibération antérieure du 13 juillet 1895, ensemble le projet de convention y annexé ;

Sur le rapport n° 153 de 1895, présenté par M. Lazies au nom de la Commission de l'Exposition,

Délibère :

Article unique. — Sont approuvés :

1° Le programme annexé à la présente délibération élaboré par l'Administration de l'Exposition de 1900 et ayant pour objet la mise au concours de la construction des deux palais à édifier aux Champs-Élysées en remplacement du Palais de l'Industrie et du pavillon actuel de la Ville de Paris ;

2° Le plan général des emplacements attribués aux constructions et abords des nouveaux palais, dressé à l'échelle de 2 millimètres par mètre et annexé audit programme.

L'arrêté ministériel instituant définitivement le concours et fixant le programme fut signé le 21 avril 1896 par M. Gustave Mesureur, Ministre du commerce, de l'industrie et des postes et télégraphes.

Le Conseil municipal, dans sa séance du 6 juillet 1896, avait élu au scrutin sept membres du jury de concours : MM. Muzet, Berthelot, Hattat, Sauton, Champoudry, Lampué, Froment-Meurice. Le président du Conseil municipal faisait partie de droit du jury.

Cinquante-neuf concurrents déposèrent leurs projets dans les délais impartis ; ce furent :

MM. Ancian (Henri), André (Pierre), Baudot (de), Bernard (Johanny) et Robert, Berthier et Bruel, Blavette, Bonnier, Breasson, Bruneau, Cassien-Bernard et Cousin, Constant, Dauphin, Debrie, Defrasse et Tournaire, Deglane et Binet, Deperthe père et fils, Deverin, Esnault-Pelteric, Esquié, Gautier (Charles-Albert), Gilbert, Girault (Charles), Gremailly, Guadet (J.), Guenifet, Henry (Adolphe), Henry (Jules), Hermant (Jacques), Itié, Larche et Nachon, Leclerc (Alfred), Louvet, Masson-Detourbet, Mewès, Michaux, Mofras, Paulin, Poissonnier, Radel, Raulin, Normand et Rey, Rives, Roy, Simil, Tavernier (de) et Barret, Thomas (Albert), Toudoire et Pradelle, Trélat, Tropey-Bailly, Ulmann.

Projets anonymes. — *Alea jacta est,* Branche de gui, Chiffre 3 cerclé noir sur fond rouge, Croissant jaune à droite du cadre, *Hæc delineavi patriæ prodesse arbitratus,* Ignotus.

Projets incomplets. — MM. Lepouzé, Meissonnier, Invalide de l'art.

L'exposition publique des projets soumis par les concurrents fut une éclatante manifestation d'art où les grandes ressources de l'école française d'architecture se révélèrent dans toute leur puissance.

Le jury qui classa les projets confia à M. Pascal, membre de l'Institut, inspecteur général des bâtiments civils, la mission de présenter un rapport sur l'ensemble du concours.

Le premier soin du rapporteur fut de rendre hommage aux hommes savants et épris d'art qui avaient répondu à l'appel du Gouvernement pour contribuer à la recherche de la solution du grand problème architectonique.

Malgré la brièveté du temps, dit M. PASCAL, malgré l'importance excessive des dessins, importance qui a peut-être privé le concours de la participation de compétiteurs trop occupés pour pouvoir se donner entièrement, comme au temps de la jeunesse et des études, à une besogne matérielle de si longue haleine, les concurrents sont venus nombreux, et, beaucoup, de grande notoriété.

Il faut savoir un gré tout particulier à ces lutteurs, en pleine possession de la faveur publique, d'une autorité justifiée que rien d'ailleurs ne pou-

vait entamer, qui n'ont pas craint d'engager pour ainsi dire toute une carrière en se mesurant sur des avant-projets avec des adversaires ardents
et jeunes qui avaient à peine à risquer un sacrifice éventuel d'amour-
propre dans le cas d'un échec, pour une aventure aussi brillante.

Il importe d'insister sur les qualités d'ensemble de l'exposition, où
nous avons eu le regret de laisser tant de projets remarquables sans récompense, cela surtout pour éviter au public une fausse interprétation
de la délibération, prise à l'unanimité, qui a précédé tout vote : à savoir
que, quel que fût le résultat du classement des œuvres, on était d'accord
pour déclarer qu'aucun projet ne pourrait être réalisé tel quel et qu'une
refonte s'en imposerait.

Ce n'était à aucun titre l'expression d'une indifférence pour la qualité
des œuvres exposées, car l'ensemble du concours ne le cédait pas aux
grandes manifestations d'art qui ont laissé leur souvenir dans la mémoire
des architectes de notre génération.

Aucun des projets concernant le grand palais ne devait
donc être exécuté dans son ensemble; le jury, à l'unanimité de
quarante membres, avait proclamé qu'aucun n'était, tel quel,
susceptible d'exécution et que l'Administration devrait en diriger
la refonte pour l'œuvre définitive.

M. Pascal, dans une étude tracée de main de maître, s'étend
sur chacun des projets classés par le jury.

Le jugement concernant le petit palais fut plus aisé et le
jury put, sans difficulté, préparer la décision de l'Administration en désignant un projet digne d'être confié pour exécution
à son auteur.

Un seul tour de scrutin fit sortir, par vingt-six voix, le nom
de M. Charles Girault, dont le palais séduisit tout le monde
par sa combinaison charmante d'un étage sur un haut soubassement; son petit jardin demi-circulaire, ses doubles galeries
le pourtournant, — sculpture et peinture de plain-pied, — sa

façade brillante, avec un centre en avant-corps mouvementé, et deux pavillons d'angle.

Déjà, à propos de la construction du grand palais, le rapport de M. Pascal avait rendu hommage au talent de l'éminent architecte et il n'est pas déplacé de relater ici l'appréciation élogieuse portée sur l'artiste dont l'œuvre va embellir la Capitale.

M. Pascal s'exprime en ces termes :

A chacun des tours de scrutin qui précèdent, M. Girault avait disputé de très près la première place avec des voix fidèles qui voulaient évidemment récompenser l'artiste brillant dont les compositions de plan et de façade avaient exercé leur séduction dès les premières réunions. Il fallait savoir s'en affranchir pour trouver les imperfections que le devoir de votre rapporteur est de présenter comme une ombre au tableau triomphant de cet exécutant prestigieux, de cet architecte plein de ressources, de ce lutteur toujours prêt.

Puis il formule les quelques critiques que, juge sévère mais toujours impartial, il ne ménage à aucun concurrent, et il ajoute :

Il a fallu les yeux d'un architecte et le devoir de conscience d'un rapporteur pour signaler les défauts d'arrangement d'une composition où le savoir le plus séducteur, le rendu le plus habile, sont mis au service d'un art raffiné, moderne, délicat, qui éclate partout en élégance et en distinction.

Une première prime de 5,000 francs fut attribuée à M. Charles Girault pour son projet de petit palais.

Une deuxième prime de 4,000 francs fut attribuée à MM. Cassien-Bernard et Cousin pour un projet plein de charme qui mérita de vifs éloges du jury.

LE PALAIS DES BEAUX-ARTS

FAÇADE

(Cliché Neurdein)

Imp. Ch. Wittmann

MM. Toudoire et Pradelle reçurent une troisième prime de 3,000 francs pour un projet très classique, d'un joli caractère antique qui se distinguait par une ferme et puissante originalité.

M. Mewès obtint une quatrième prime de 2,000 francs. Son grand palais avait été fort remarqué pour ses inventions originales; son projet de petit palais fut classé avec les paroles les plus élogieuses : « Il est impossible, dit M. Pascal, de rencontrer plus de grâce dans la grandeur, plus de souplesse dans l'ajustement, une meilleure physionomie pour les façades. »

La cinquième récompense de 1,000 francs échut à MM. Deperthes père et fils, dont le projet se distinguait par le judicieux emploi des emplacements, l'habile et savante disposition du plan qui consacrait au musée de peinture la place la plus importante dans un édifice d'un style juste et d'un caractère élevé.

A la suite du résumé des opérations du jury, une demande de solution pour le petit palais fut présentée en séance. Un double vote décida que le projet sorti le premier, celui de M. Girault, serait exécuté, bien entendu avec toutes les modifications que l'Administration pourrait réclamer, et que cet artiste serait chargé d'en diriger l'exécution.

Tel est, dans ses lignes générales, l'historique de la fondation du Palais des Beaux-Arts de la Ville de Paris; le second chapitre de la présente relation sera consacré à la description du monument.

LE PALAIS DES BEAUX-ARTS

PLANS DU PALAIS — 1° SOUS-SOL.; 2° PREMIER ÉTAGE

(Communiqués par la Société des Architectes français)

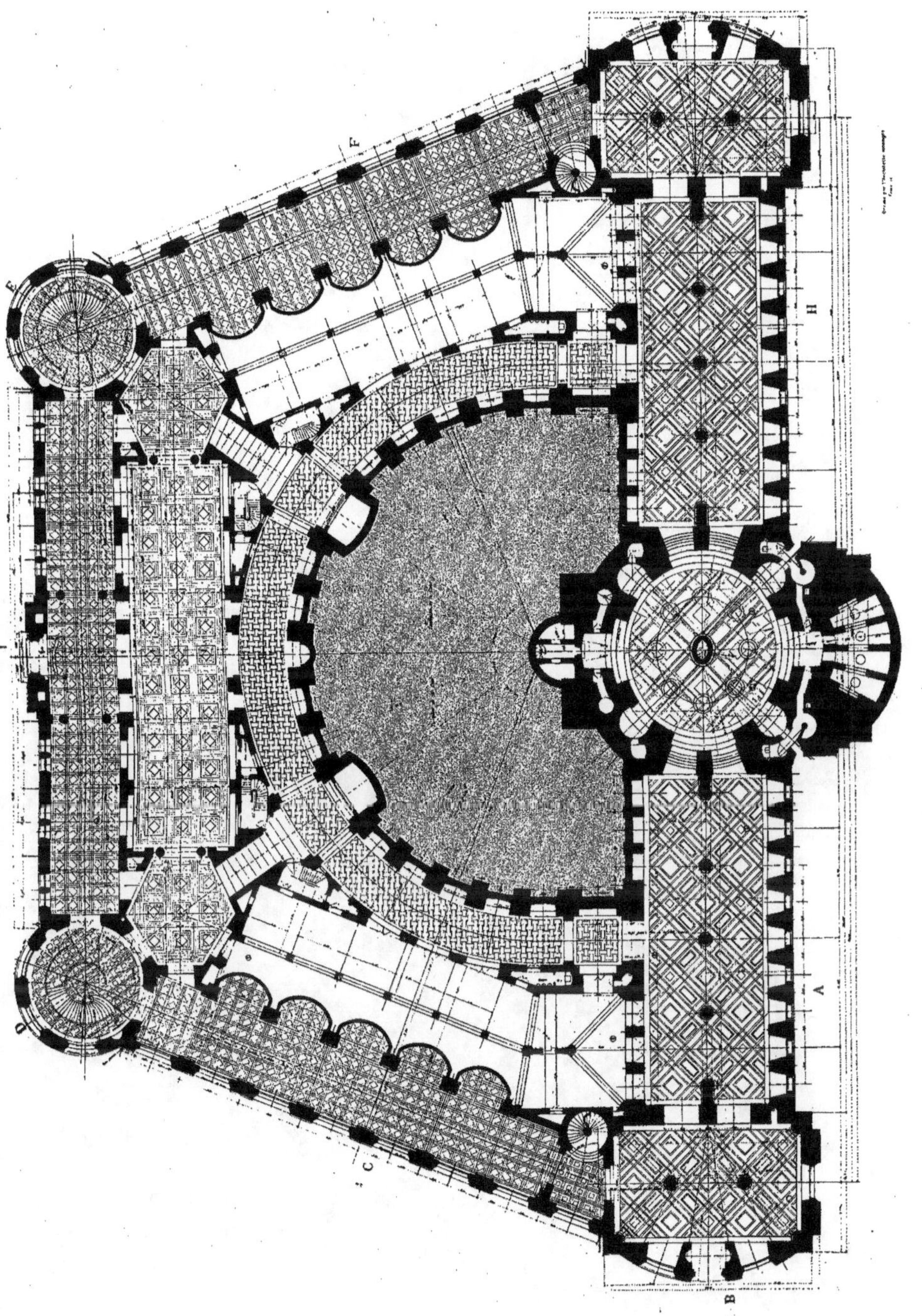

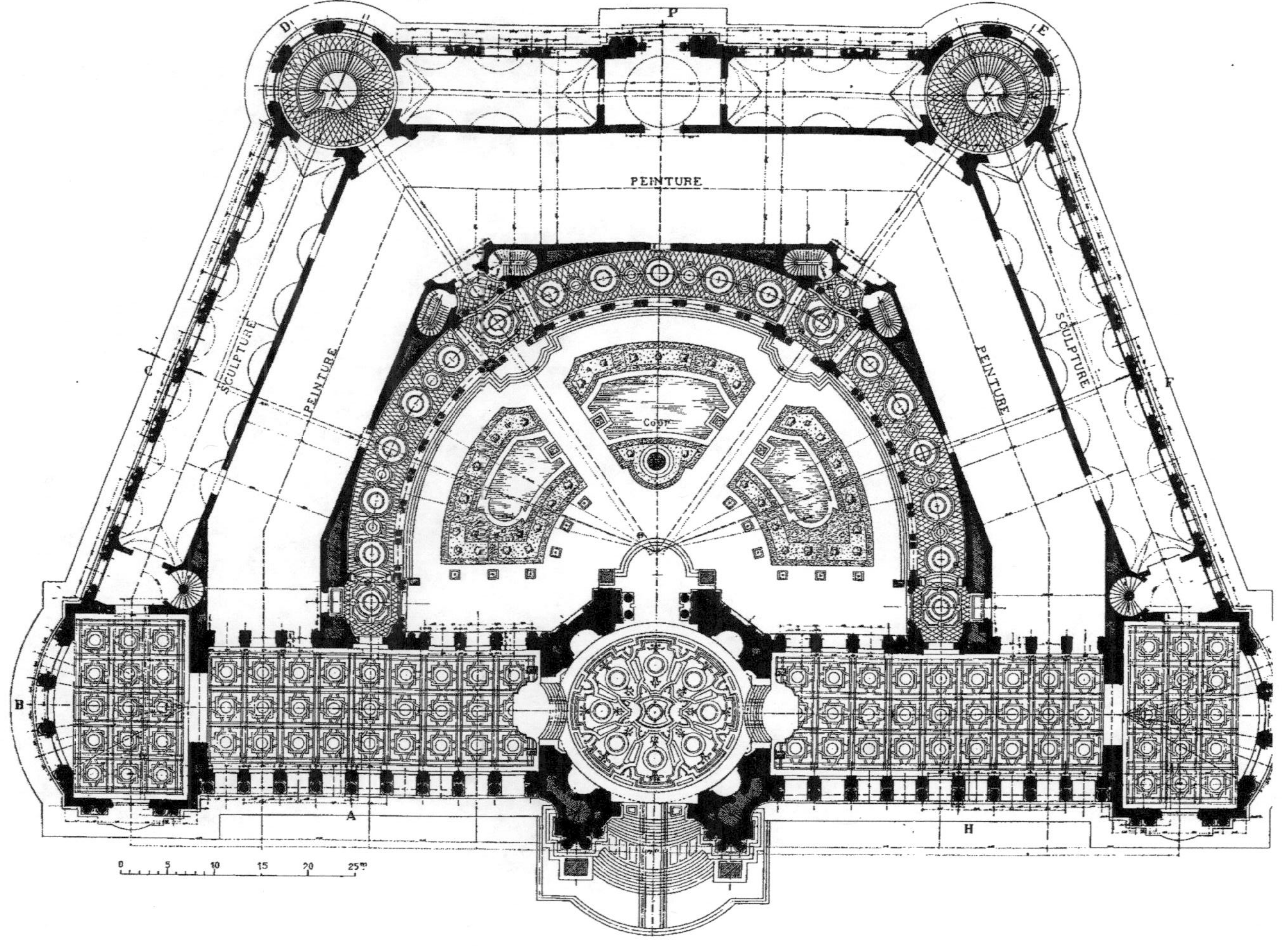

PEINTURE
SCULPTURE
PEINTURE
PEINTURE
SCULPTURE
Cour
0   5   10   15   20   25ᵐ

CHAPITRE II.

LE PALAIS DES BEAUX-ARTS DE LA VILLE DE PARIS.

Les études des plans d'exécution du Petit Palais furent commencées en octobre 1896 et se poursuivirent pendant tout le temps qui s'écoula depuis ce moment jusqu'au 15 octobre 1897, époque à laquelle les derniers vestiges du Palais de l'Industrie disparurent dans la partie Est, à l'emplacement que devait occuper le nouveau palais. C'est alors seulement que l'on put faire sur place les tracés, alignements, nivellements, etc.

Les travaux commencés le 15 octobre 1897 furent conduits avec toute l'activité que comportait l'édification d'un monument de cette importance dans un délai aussi restreint. Du 15 octobre au printemps de 1898, on procéda aux travaux de terrassements, battage de pilotis et à l'établissement des maçonneries de basses fondations.

Le gros œuvre fut achevé au cours de l'exercice de 1898; enfin, pendant la bonne saison de 1899, les travaux de ravalement, sculpture, plomberie d'art, etc., furent exécutés. Les plâtres intérieurs et les décorations en staff de la grande galerie sur la façade principale furent mis en place pendant l'hiver de 1899-1900 et terminés pour livrer le Palais au Service des installations.

La construction du Petit Palais, qui occupe une surface de 7,000 mètres carrés environ, avait donc duré deux ans et six mois.

Dans sa composition générale, le monument comporte : un

étage de soubassement, un étage principal, formant le musée proprement dit, et un étage de combles où sont aménagées des dépendances. L'ensemble de l'édifice affecte la forme d'un trapèze dont la grande base est alignée sur la nouvelle avenue et dont les trois autres côtés sont tangents à un demi-cercle formant cour intérieure. Cette cour est de plain-pied avec l'étage principal et par conséquent en terre-plein par rapport à l'étage de soubassement.

Ce dernier, haut d'environ 5 mètres sous plafond, se compose de galeries éclairées latéralement et pouvant être utilisées pour des expositions; des vestibules, des galeries de circulation et des dépôts en occupent le surplus. La galerie sur la façade postérieure est élevée sur les caves servant de dépendances où sont installés les appareils de chauffage du Palais.

Au-dessus des soubassements, s'élève un vaste premier étage destiné aux expositions. Il est composé sur son périmètre de trois galeries, longues de 45 mètres environ et larges de 7 m. 50, éclairées latéralement; de trois galeries de 12 mètres de largeur, formant ensemble un vaste trapèze, avec éclairage supérieur, et enfin, sur la façade principale, d'une grande rotonde centrale de 25 mètres de diamètre formant vestibule d'honneur, à laquelle on accède directement de l'extérieur. A droite et à gauche, deux galeries de 35 mètres de longueur sur 13 mètres de largeur aboutissent, aux extrémités, à de vastes pavillons. Rotonde, galeries et pavillons, largement ouverts les uns sur les autres, constituent dans leur ensemble une sorte de vaste salle de pas perdus de 125 mètres de longueur, percée de larges boxes sur l'avenue des Champs-Élysées. Autour de la cour centrale, un portique demi-circulaire relie les diverses salles de plain-pied.

LE PALAIS DES BEAUX-ARTS

PORTAIL SUR L'AVENUE ALEXANDRE-III

(Cliché Neurdein)

Imp. Ch. Wittmann

Les divers étages du Petit Palais sont en communication au moyen de huit escaliers, quatre principaux et quatre secondaires, ces derniers desservant également l'étage des combles.

A l'extérieur, la façade principale du Palais, sur l'avenue Alexandre, se développe en une harmonieuse colonnade d'ordonnance ionique, appuyée aux extrémités à deux pavillons de même ordre aux contours mouvementés. Au centre, un parvis surélevé de vingt-deux marches donne accès à la rotonde principale par un large porche abrité sous un fronton circulaire. La coupole de la rotonde et les dômes surmontant les pavillons accusent, par leur élégante silhouette, les dispositions extérieures du monument.

Aux assises de l'entrée monumentale sont érigés deux groupes statuaires : « les Quatre Saisons », de Convers, et « la Seine et ses affluents », de Ferrary. A la base de l'arc du cintre, deux statues de Saint-Marceaux symbolisent « la Peinture » et « la Sculpture »; au tympan du porche domine un imposant groupe décoratif du sculpteur Injalbert : « la Ville de Paris protégeant les Arts ».

Des motifs de sculpture, soit en haut relief, soit en silhouette, complètent cet ensemble : entre les colonnes court une frise de Fagel et de Hugues représentant les industries diverses; au-dessus des baies cintrées des pavillons d'angle sous le fronton, apparaissent les armes de la Ville de Paris, de Peynot.

Les façades secondaires du monument sont percées de larges arcades avec piliers intermédiaires soutenant l'entablement de l'édifice.

Les couronnements des faces latérales des pavillons sont formés de deux hauts-reliefs du sculpteur Moncel : *Vénus*, du côté des Champs-Élysées, et *Junon*, du côté de la Seine.

3.

Sur la façade postérieure, au-dessus de la base centrale, un grand motif d'horloge avec haut-relief du sculpteur Lemaire Hector représente, dans la partie supérieure, *le Jour et la Nuit*, et, dans la partie inférieure, *les Trois Parques*.

Aux angles du fronton de cette façade, deux groupes de Desvergnes symbolisent « l'Histoire » et « l'Archéologie ».

Les toitures des combles, en ardoise, sont décorées de motifs dorés en zinc repoussé.

Les balcons de baies de l'étage principal ainsi que la grille de la porte d'honneur sont des ouvrages de fer forgé, rehaussé d'ornements en cuivre repoussé. Cette grille, délicatement ajourée, supportant de hautes glaces, constitue seule la clôture du Palais sans l'adjonction d'aucune porte pleine.

Construit à l'occasion de l'Exposition universelle de 1900, le Petit Palais devenant par la suite la propriété de la Ville de Paris a été conçu pour répondre aux besoins d'un grand musée municipal.

Une visite faite par M. Charles Girault aux musées les plus réputés de l'Europe lui a fait adopter, pour les dimensions et l'éclairage des galeries, les arrangements qui lui ont paru les plus appropriés à cet usage.

La merveilleuse situation du monument au milieu de la plus belle promenade du monde, a permis de donner au Petit Palais son caractère particulier. Alors, en effet, que la plupart des édifices de ce genre présentent à l'extérieur de grandes murailles non percées, derrière lesquelles des galeries prennent jour uniquement par leur partie supérieure, le Petit Palais, sur son périmètre extérieur, se compose d'une succession de galeries éclairées latéralement par de larges baies, permettant ainsi au visiteur qui parcourra les collections qui y seront aménagées de jouir des belles échappées de vue que l'on a sur les Champs-Élysées, le Cours-la-Reine et sur les perspectives de la Seine, vers le Louvre et le Trocadéro. Les galeries à éclairage supérieur destinées aux expositions de peinture sont concentriques à celles-ci et occupent l'intérieur du Palais. Chaque partie de l'édifice comporte ainsi une affectation spéciale, en même temps qu'elle concourt par ses proportions à l'unité architecturale du monument.

L'architecte a conçu ses plans avec la pensée dominante que la sculpture, la peinture, l'architecture, la gravure, les collections rétrospectives, toutes les productions de l'art, pussent être mises en valeur dans des salles de dimensions et d'éclairage particuliers propices à chaque genre.

De plus, la distribution concentrique des galeries devait permettre la libre circulation dans tout le musée et faciliter la classification des objets, soit par ordre chronologique, soit de toute autre manière.

Dès l'entrée se révèle la belle ordonnance de l'édifice; de chaque côté s'ouvrent largement les deux vastes halls de la statuaire; en face la vue découvre l'hémicycle de la cour intérieure avec ses portiques d'ordre dorique aux cartouches de marbre rose, ses doubles colonnes de granit festonnées de guirlandes de bronze, ses frontons, ses statuettes d'or.

L'ensemble est large, aéré, lumineux. Les jours de la coupole sont agencés de manière à répandre une lumière heureuse dans sa partie supérieure, tandis que le revêtement de marbre rose des puissantes assises du dôme reflète avec douceur la vive clarté pénétrant par les baies latérales.

Cette entente judicieuse de la lumière, l'harmonie des lignes, le calme du décor procurent au visiteur la sensation de pénétrer dans un milieu d'art. « Il faut, affirme M. Pascal dans son savant rapport, que les expositions soient dignes, soient d'une allure artistique ; que le public, tout le public, s'y sente pris dans cette atmosphère de distinction qu'il subit dans les vieux musées et qui lui impose une sorte de respect, et surtout le respect des œuvres, si nécessaire quand il s'agit d'objets précieux comme ceux qu'on met à sa portée. »

Le Palais des Beaux-Arts répond à cette nécessité ; dès les premiers pas, la foule bruyante qui y pénètre se recueille pour parcourir discrète et silencieuse les galeries d'exposition ; dès lors l'examen des collections sollicitera presque exclusivement son intérêt, la beauté du monument ne constituera plus qu'un magnifique cadre aux richesses exposées.

Et cependant, un décor charmant permet au visiteur de se délasser, et l'invite, s'il le veut, à s'isoler des collections. De l'intérieur même des galeries, la vue embrasse librement les perspectives les plus riantes et les plus animées de Paris, tandis que des grilles dorées donnent de toutes parts accès au jardin paisible entouré de portiques que l'on aperçoit dès l'entrée du Palais. Là encore une sobre décoration de plantes vertes, des bassins, de jolies œuvres statuaires charment la solitude du lieu : au tympan de l'arc d'accès de la rotonde, deux figures en haut-relief, œuvres de M. Lefèvre, symbolisent « les Arts » ; au fronton, des « Renommées » de Peynot encadrent les armes de Paris ; à la voûte de l'arcade s'érigent deux bas-reliefs de Carlier.

Tel est dans son ensemble l'aménagement général du Palais des Beaux-Arts. Les chapitres spéciaux consacrés au Musée Dutuit et aux Collections Municipales exposeront comment la Ville de Paris a su en approprier chaque partie à sa destination.

LE PALAIS DES BEAUX-ARTS

COLONNADE DE LA COUR CENTRALE

(Cliché de Szepessy)

Imp. Ch. Wittmann

Quelques détails techniques pourront compléter la description architecturale du monument.

Le plancher haut de l'étage de soubassement est entièrement en ciment armé, et la décoration des plafonds de cet étage reproduit autant que possible les éléments de la construction sous forme de poutrelles, de caissons, disposés aussi, dans certains cas, en voûtes surbaissées à très faible flèche.

Au premier étage, les galeries, pavillons et tourelles, ainsi que la rotonde centrale et le portique de la cour, sont voûtés de voûtes légères, n'ayant souvent pas plus de 6 centimètres d'épaisseur et construites sans cintres au moyen de cerces; ces voûtes exécutées en briques creuses et plâtre sont, suivant la forme des surfaces à couvrir, à pénétration ou en arc de cloître ou en coupole sur pendentifs. Les voûtes de la grande galerie sur l'avenue nouvelle sont compartimentées par des moulurations et des ornements en staff dessinant des panneaux destinés à recevoir une décoration picturale.

La plupart des matériaux employés pour la construction du Petit Palais sont ceux habituellement en usage à Paris : l'assise du socle est en pierre de Souppes; le soubassement, en roche d'Euville; son bandeau, en pierre de Coutarnoux; l'étage en élévation, en banc franc de Méry; la balustrade de couronnement, en pierre de Coutarnoux; les motifs de sculpture détachés formant groupe sont exécutés dans de la roche douce de Lavaux ou de Tercé.

A l'intérieur, dans la cour, les colonnes sont de granit des Vosges et les revêtements du mur du portique circulaire, garnis de plaques en pierre polie de Villette; les bandes et les triangles, en marbre Sarancolin couserain poli; les revêtements intérieurs de la rotonde centrale sont des dalles de brèche rose de

Gavarnie; dans le soubassement, sur la façade postérieure, les colonnes du vestibule sont de marbre bleu de Gavarnie.

Malgré l'emploi de matériaux de luxe, comme les marbres et les granits, et malgré la hâte avec laquelle ce monument a été construit, son prix de revient ne ressort pas à plus de 720 francs environ le mètre superficiel.

Cette description trop rapide ne peut embrasser les détails d'ordre architectonique par lesquels le Palais des Beaux-Arts se distingue, aux yeux des techniciens, comme une œuvre personnelle, largement conçue, d'une tradition et d'un goût très purs. Il est d'un haut intérêt de lire, dans les savantes revues qui ont consacré des études à sa critique, comment les difficultés d'exécution ont été résolues par des méthodes nouvelles et hardies, avec des solutions toujours heureuses qui font le plus grand honneur à l'éminent architecte qui l'a créé.

Le Palais des Beaux-Arts de la Ville de Paris a mérité, par sa beauté et sa distinction, les suffrages unanimes de l'opinion publique en France et à l'étranger.

La population parisienne a ratifié de son jugement toujours sûr les embellissements hardiment conçus dont la Municipalité a pris pour une très grande part l'initiative, à l'occasion de l'Exposition universelle de 1900.

CARTE D'INVITATION

À L'INAUGURATION DU PETIT PALAIS

CHAPITRE III.

INAUGURATION DU PETIT PALAIS.

Le jeudi 7 mars 1901, la Municipalité de Paris a pris officiellement possession du Petit Palais des Champs-Élysées.

Une cérémonie fut organisée à cette occasion par le Bureau
du Conseil municipal, et 2,500 invitations furent lancées par
le syndic, M. Ernest Gay. La carte reproduite ci-dessus avait
été gravée par Revellat et tirée sur papier à la forme.

Les députés et sénateurs de la Seine, les municipalités des vingt arrondissements, les hauts fonctionnaires des deux préfectures, la presse, les collaborateurs de M. Bouvard et de M. Charles Girault, architectes, décorateurs, artistes, entrepreneurs, travailleurs de tout ordre ayant concouru à l'édification du Petit Palais, avaient été conviés à cette cérémonie.

L'inauguration eut lieu sous la présidence de M. Armand Grébauval, président du Conseil municipal. M. Autrand, secrétaire général de la Préfecture de la Seine, représentait M. le Préfet de la Seine, qui, empêché, n'est arrivé qu'au cours de la cérémonie. M. Lépine, préfet de police, M. Ernest Gay, syndic, les membres du Bureau du Conseil municipal et un grand nombre de conseillers s'étaient joints à eux pour recevoir les invités.

A la suite des présentations qui ont lieu sous la rotonde, ceux-ci sont réunis dans le grand hall qui longe l'avenue Alexandre, vers les Champs-Élysées.

Toute cette partie de l'édifice a été décorée de tentures et de plantes vertes et aménagée de sièges qui sont occupés par une élégante assistance.

Au fond de la salle, une estrade a été dressée pour les musiciens.

Après l'exécution de *la Marseillaise*, M. LE PRÉSIDENT DU CONSEIL MUNICIPAL a prononcé le discours suivant :

MESDAMES,

MESSIEURS,

Au nom de la Ville de Paris, le Conseil municipal a l'honneur de prendre possession de ce palais, construit pour l'Exposition universelle et destiné à lui survivre.

Dès le 18 novembre 1895, en même temps qu'ils ratifiaient la participation municipale à la manifestation projetée pour 1900, nos prédécesseurs réglaient avec l'État les conditions dans lesquelles nous nous trouverions au lendemain de cette association. L'article 2 de la convention disait :

« La Ville recevra, en remplacement du pavillon qu'elle possède au Cours-la-Reine, la totalité du petit palais à construire sur la gauche de la nouvelle promenade des Champs-Élysées à l'esplanade des Invalides. »

Nous savions, dès l'origine, que les hommes de haute valeur qui allaient apporter leur concours au Commissariat général, et qui ne cessaient pas de le donner à la Ville de Paris, sauraient nous assurer une œuvre digne de la capitale.

Le jury choisit M. Charles Girault entre tous les concurrents; les travaux commencèrent en octobre 1896, le Petit Palais apparut dans toute sa beauté au printemps de 1900.

Ce qu'il est? Tous les Parisiens, tous nos visiteurs, l'univers entier pourraient nous le dire; on fut unanime à en proclamer la délicatesse et l'harmonie, l'élégance et l'intimité. Parmi tant d'autres, le Petit Palais attirait et retenait. Tout l'art du passé y reparut au soleil dans un cadre digne de lui. L'art d'aujourd'hui et celui de demain en seront également les hôtes. Ils y rentreront précédés par la bienfaisance, car le Conseil municipal a voulu y recevoir, après ses invités, les défenseurs de l'enfance, et le sourire des petits planera sur le monument.

Je suis heureux de féliciter ici le grand organisateur de nos merveilles, M. Bouvard, directeur des services d'architecture de la Ville de Paris (*Vifs applaudissements*), M. Girault, dont la conception heureuse fut si bien réalisée par l'exécution. (*Applaudissements.*)

Je félicite leurs collaborateurs, MM. de Saint-Marceaux, Injalbert, Hugues, Fagel, Peynot, Desvergnes, Moncel, Ferrary, Convers, Lefeuvre, grands artistes qui ont mis, chacun, de leur âme avec leur signature dans la pierre de cet édifice. (*Bravos.*)

Je félicite les entrepreneurs, les ouvriers, tous en un mot. La Ville de Paris a été bien servie par ses enfants. (*Très bien !*)

4.

Il ne m'appartient pas de me prononcer ici sur la destination définitive, mais nous serons tous d'accord pour exprimer le vœu que le Conseil municipal profite de cet héritage afin de faire connaître à la population tant d'œuvres ignorées, tant de richesses enfouies dans nos magasins, tant de trésors auxquels il ne manque que d'apparaître en pleine lumière.

Mesdames, Messieurs, l'Exposition a laissé des souvenirs. Ce fut une magistrale explosion d'activité intellectuelle et artistique, d'industrie et de travail. Elle a passé comme un rêve. Ses vestiges emportent avec eux, sous les pluies de l'hiver, un peu de nos illusions.

Il nous reste l'orgueil d'avoir vu la France redevenue le rendez-vous du monde et tenant dignement tête à ceux auxquels elle ouvrait en même temps les bras.

Il en demeure aussi cet ensemble dont la maîtrise fut proclamée dès la première heure : les deux palais, le pont Alexandre-III, les Champs-Élysées réunis à la rive gauche, l'avenue triomphale allant de la Concorde au dôme d'or des Invalides, deux grands siècles se rejoignant pour l'apothéose d'un troisième. (*Bravos.*)

Nous reverrons longtemps les foules accourues, les jardins aux palmiers d'Orient, les parterres et les bosquets, les statues et les fleurs, et aussi reviendra dans notre esprit, comme préface, l'inoubliable date où fut posée la première pierre, par une main amie. Ce sont des spectacles qu'il est bon d'évoquer; ils nous rendent plus fiers et plus confiants.

Mesdames, Messieurs, le Petit Palais, propriété de la Ville de Paris, qui lui a fait honneur dès sa naissance, perpétuera l'enchantement sous une forme digne de cette ville et de la République. (*Applaudissements prolongés.*)

Le concert commença immédiatement et fut exécuté conformément au programme ci-après :

LE PALAIS DES BEAUX-ARTS

PORTAIL DE LA COUR INTÉRIEURE

(Cliché Neurdein)

Imp. Ch. Wittmann

PROGRAMME DU CONCERT.

PREMIÈRE PARTIE.

I. *Marche solennelle*.............................. G. Parès.
    Par l'orchestre de la Garde républicaine, sous la direction de
    l'auteur.

II. *Gallia*, scène lyrique........................ Ch. Gounod.
    Introduction et Chœur.
    Cantilène.
    Solo & Chœur.
    Final.

    Soprano solo : Mlle Marguerite CHABRY.
    Association artistique chorale « L'Euterpe ».
    Orchestre sous la direction de M. A. DUTEIL D'OZANNE.

III. *Menuet des Petits Violons*...................... E. Pessard.

IV. *Le Géant*, ballade (V. Hugo)................... Henry Litolff.
    M. NOTÉ.
    Accompagnateur : M. MATON.

DEUXIÈME PARTIE.

V. *Les Chansons de Miarka* (J. Richepin)............. Alex. Georges.
    A. *Nuages.*
    B. *Hymne à la rivière.*
    C. *Hymne au soleil.*
    Mlle Gaëtane VICQ.
    Orchestre sous la direction de l'auteur.

VI. *Adieu, mon frère*, madrigal XIVe siècle.............. Wælrant.
    « L'Euterpe ».

VII. *Air & Chanson bachique de Tabarin*................. E. Pessard.
    M. NOTÉ.
    Orchestre sous la direction de l'auteur.

VIII. *Fraternité*, cantate de Th. Botrel................. E. Lefèvre.
    Chœurs, orchestre, musique, clairons et tambours.
    Sous la direction de l'auteur.

A l'issue du concert, M. le Président du Conseil municipal et M. le Préfet de la Seine ont félicité MM. Pessard, E. Lefèvre, Duteil d'Ozanne, Alex. Georges, Noté, Mlle Chabry et tous les artistes qui s'y étaient fait applaudir.

Un lunch a terminé la cérémonie, qui s'est prolongée jusqu'à cinq heures et demie.

Une fête brillante suivit immédiatement cette inauguration : M. Adolphe Chérioux, président du Conseil général de la Seine, avait demandé au Conseil municipal de Paris d'autoriser le Département à offrir à ses collaborateurs une grande soirée à laquelle M. le Président de la République serait convié.

Le Bureau du Conseil municipal accueillit ce désir avec empressement et M. Ernest Gay, syndic des deux assemblées, eut charge de préparer la réception.

M. le Président du Conseil général, accompagné d'une délégation du Bureau, se rendit auprès de M. Émile Loubet, président de la République, qui accepta l'invitation du Département pour la soirée du samedi 9 mars.

La carte d'invitation fut ainsi rédigée :

Le Conseil général de la Seine prie M ....

....

de lui faire l'honneur d'assister à la Soirée qui sera donnée le Samedi 9 mars 1901, au Petit Palais (Champs-Élysées).

On dansera.

TENUE DE SOIRÉE.   À 10 HEURES.

7,000 invitations environ furent lancées.

La réception eut un grand éclat. Le Petit Palais était encore orné des suites de merveilleuses tapisseries qui avaient été mises en place pour l'Exposition de l'art rétrospectif; des plantes à à profusion, de riches draperies habillant l'architecture neuve du monument, un merveilleux éclairement faisaient valoir cette décoration harmonieuse. Les pièces d'eau de la cour centrale étaient ornées de fleurs lumineuses du plus gracieux effet et reflétaient la colonnade de marbre du péristyle brillamment illuminé.

Deux excellents concerts avec intermèdes retenaient les invités dans les grands halls de l'avenue Alexandre, et les galeries du fond du palais étaient transformées en salles de danse.

M. le Président de la République fut reçu sous la coupole d'entrée par M. Adolphe Chérioux, président du Conseil général et M. de Selves, préfet de la Seine, entourés des Conseillers généraux et des hauts fonctionnaires du Département.

Les membres du Gouvernement et le Corps diplomatique étaient présents.

Le cortège se forma, traversa les salons et se rendit au buffet où furent échangées quelques coupes de champagne.

Après cette réception officielle, on continua jusqu'au matin à danser avec gaîté et animation.

Le Petit Palais était définitivement inauguré comme édifice, et l'on n'attendait plus qu'une occasion pour l'aménager comme il le méritait.

Cette occasion ne devait pas tarder à se présenter; la

magnifique donation faite à la Ville de Paris par M. Auguste Dutuit obligea de hâter les installations artistiques que l'on projetait.

Dans l'année qui suivit la cérémonie d'inauguration, le Palais des Beaux-Arts était consacré définitivement, et les galeries en étaient ouvertes au public.

CHAPITRE IV.

LA SUCCESSION AUGUSTE DUTUIT.

Monsieur Auguste Dutuit est décédé à Rome (Italie), où il se trouvait momentanément en sa résidence, via del Babuino, 60, le 11 juillet 1902, à l'âge de 89 ans. Il ne laissait aucun descendant, aucun héritier direct, on ne lui connaissait aucun parent, même éloigné; et, bien qu'un certain mystère, tenant peut-être de son originalité, son grand âge et son opulente fortune, n'ait cessé de planer sur toute son existence, sa fin fut annoncée par la presse au monde entier. Pendant six grands mois, les journaux s'occupèrent presque quotidiennement de celui qui n'était plus, de sa vie, de sa famille, de sa fortune, de l'emploi qu'il en faisait, enfin et surtout de la dévolution de son héritage.

Dans ce désir de tout savoir pour tout révéler à un public curieux, les chroniqueurs n'ont-ils jamais dépassé la mesure et n'ont-ils pas contribué à accréditer des faits sans importance, rien moins qu'authentiques, qui, répétés et groupés, risqueraient de donner une impression peu sympathique du caractère et des sentiments d'un homme modeste qui a vécu sans bruit, avec l'unique pensée, peut-être, de tout le bien qu'il pourrait faire après lui? Cette note, la seule vraie pour les quelques rares privilégiés qui ont pu approcher M. Dutuit et pour tous ceux qui ont lu seulement ses testaments, est celle qui doit lui survivre, et qu'en tous cas la Ville de Paris reconnaissante s'appliquera à perpétuer. Il convenait de le dire en débutant, par crainte, à tort peut-être, que ce sentiment ne se dégageât pas suffisamment des études cependant si nombreuses et paraissant si bien documentées qui ont été publiées jusqu'à ce jour.

M. Auguste Dutuit, qui toute sa vie a fait de longs et fréquents séjours à Rome, était domicilié à Rouen, où il possédait, 21, quai du Havre, un important hôtel, outre deux châteaux dans la Seine-Inférieure, dits *de Moulineaux* et *d'Epremesnil,* où il passait la belle saison. Il était le dernier survivant d'une famille de trois personnes, composée d'une sœur, Mlle Héloïse, morte la première à un âge avancé, et d'un frère aîné, M. Eugène Dutuit, mort en 1886.

Ils ont vécu ensemble, se suffisant à eux-mêmes, laissant en commun la succession de leurs parents, dans une union parfaite, sans chercher à rompre cette précieuse trinité pour se créer une famille propre. — M. Auguste Dutuit ne s'est en effet marié qu'après le décès de ses frère et sœur, avec une Italienne, Mlle Celli, demeurée sa veuve. — Aussi bien, ils avaient au cœur, outre une profonde affection respective, un amour commun du beau, un culte profond de l'art, et il n'est certes pas exagéré de dire que tous trois ont vécu avec la pensée dominante de faire après eux, dans cet ordre d'idées, le plus de bien possible. Comme leur confiance était absolue, ils s'en sont rapportés au dernier survivant du soin d'exécuter la volonté commune, et l'on sent très bien quelle préoccupation constante a été chez ce vieillard la charge de bien tester, sans négliger d'ailleurs l'observation des larges idées de justice, de charité et de reconnaissance. Tout cela se trouve dans les testaments de M. Dutuit, auxquels ont présidé les meilleures intentions; malheureusement, la méconnaissance de la pratique des affaires et l'absence de tout conseil autorisé risquaient de compromettre, au moins sur certains points, cette œuvre testamentaire, si laborieusement conçue et édifiée.

La fortune de la famille Dutuit était considérable; elle avait été amassée par M. Dutuit père, qui, originaire de Rouen, était venu s'établir dans cette ville après avoir habité Marseille pendant un certain temps, et avait entrepris, suivant l'industrie du pays, la fabrication des cotonnades et la teinture des étoffes. Il ne semble pas qu'aucun de ses enfants ait jamais pensé à continuer son œuvre; en ce qui concerne spécialement M. Auguste Dutuit, les plus lointains souvenirs qui aient été rappelés touchant sa prime jeunesse le montrent passionné d'art et de peinture, fréquentant à Paris et en Italie les ateliers et les musées, vivant retiré, en modeste et en laborieux. On rapporte de lui ce propos, bien digne d'un convaincu, qu'un jour à Rome, causant avec un ami de ses essais en peinture, il déclara qu'il ferait volontiers le sacrifice de toute sa fortune pour posséder un peu de talent. Il n'apparaît pas que ses efforts aient jamais été couronnés de succès, mais il n'est pas téméraire de penser que ses voyages, ses études, ses recherches constantes vers le beau n'aient poussé M. Dutuit, auquel on n'a jamais connu de goûts de luxe ou de dépenses, à diriger l'emploi de sa fortune vers des acquisitions d'objets d'art.

M. Auguste Dutuit a beaucoup testé : après la mort de sa sœur et de son frère Eugène, celui-ci décédé en 1886, on a retrouvé de lui, dans ses papiers, à Rouen seulement, une douzaine d'écrits de dernière volonté : dès l'origine, c'est-à-dire en remontant au plus ancien (30 septembre 1886), — abstraction faite d'un legs concernant exclusivement les biens situés en Italie, — on trouve la division en deux parties de ce qui composera l'avoir successoral; elles seront bien distinctes et la première part sera exempte de toutes charges, legs et donations, que supportera seule la seconde part :

La première part se compose de tout ce qui formait la collection artistique bien connue ayant appartenu tant à ma sœur Héloïse Dutuit, mon frère Eugène Dutuit, ainsi qu'à moi, et qui consiste en bibliothèque, manuscrits, livres rares à reliure, et de quelque nature qu'ils puissent être, tant anciens que modernes, qui se trouveront tant à mon domicile que dans divers dépôts à Paris, une collection d'estampes bien connue, une collection de faïences de diverses natures, émaux, bijoux anciens, argenterie ancienne, émaux byzantins, bronzes, verres de Venise, tous les tableaux tant anciens que modernes qui pourront se trouver tant à mon domicile à Rouen qu'à ceux de Moulineaux et d'Epremesnil, collection de bronzes et terres cuites antiques, une collection de médailles tant grecques que romaines, médailles de la Renaissance et en plus tous les meubles de bronzes artistiques Lucca della Robia, et en plus tout ce qui ressort de la Ville de Paris, c'est-à-dire deux immeubles, sis rue Cadet, 9, l'autre rue Commines, et toutes les actions de la Banque de France (542).

C'est dans un simple codicille, écrit à la suite, que l'on découvre l'heureux légataire de cette première part, le futur Musée des Arts décoratifs, qui a pour obligations principales et formelles de se constituer dans les trois ans, de pourvoir à une installation séparée et distincte de la collection, dont l'accès sera toujours gratuit. Le testateur entend être obéi; aussi dispose-t-il que, le délai imparti expiré, si le Musée des Arts décoratifs ne s'est pas constitué et *si la Ville de Paris ne s'est pas substituée à sa place en fournissant un local bien distinct. . . . . , ce legs sera nul et non avenu,* auquel cas, la Ville de Rome sera appelée à en recueillir le fruit dans son intégralité. Il est ajouté qu'immeubles et actions seront inaliénables et que les revenus produits serviront à l'entretien et à l'extension de la collection, ainsi qu'à « la fondation de prix destinés comme encouragement à l'industrie de Paris ».

Citations et analyse étaient indispensables, car ce que nous venons de lire constitue les bases fondamentales de l'œuvre testamentaire que pendant près de seize ans le *de cujus*, dont c'était — on le sent bien — la préoccupation constante, a remis sur le chantier.

En effet, les actes se succèdent aux dates des 16 octobre 1886, 26 janvier 1887, 11 mai 1887, 12 mars 1893, 19 septembre 1898, 15 mai 1899, 30 mai 1900, 30 mai 1901, et rien de bien saillant ne les distingue les uns des autres, en ce qui nous concerne spécialement, sauf ce qui va être dit sur les testaments de 1893, 1898 et suivants, tout à fait intéressants pour la Ville de Paris. La plupart ne sont que la copie, sans grand changement, du précédent; d'abord écrits au crayon, ils ont été avec une certaine application repassés à l'encre.

En 1893, M. Auguste Dutuit a voulu augmenter la dotation destinée à assurer le sort des collections : rappelant ce qu'il avait déjà dit concernant la première part, sa composition et sa dévolution, il a ajouté, en maintenant les recommandations minutieuses du début : « ainsi qu'une somme de un million à prendre chez MM. Mallet frères, banquiers ». La Ville de Paris a revendiqué le bénéfice à son profit de cette clause. Notons également, en passant, dans ce testament du 12 mars 1893, ces deux passages :

... Toutes ces collections ont été réunies au prix de plus de cinquante années d'efforts par trois personnes n'ayant eu qu'un but : former un établissement utile au public. En prenant ces dispositions, je ne fais que tenir un engagement...

... Je lègue mon âme à Dieu, s'il daigne la recevoir, mon corps à la terre et les biens terrestres à ceux auxquels ils appartiendront suivant les lois.

Dans le testament du 10 septembre 1898, se trouve la disposition capitale concernant la Ville de Paris, qui vient définitivement prendre la place des Arts décoratifs, mais avec la concurrence éventuelle de la Ville de Rome :

Par suite des décès de. . . . . et en outre de l'état précaire où se trouve réduit ce qui, par le passé, avait nom Musée des Arts décoratifs et qui, dans ce moment, ne paraît pas avoir l'apparence d'une existence quelconque lui permettant d'être en mesure de se présenter pour recevoir un legs, quel qu'il soit, qui lui serait sérieusement contesté ; dans ces circonstances, il y a donc lieu d'apporter de grandes modifications à toutes mes dernières dispositions primitives pour éviter complications et qu'elles ne soient annulées. Par ces motifs, je déclare donc, par les présentes, supprimer et détruire toutes dispositions de ma part en faveur de ces Arts décoratifs et reporter ce legs en entier et dans toutes ces conditions en faveur de la Ville de Paris qui me paraît plus en état de le recevoir et d'y faire participer le public. Ce legs comporte :

Toutes mes collections artistiques, tableaux, médailles, estampes et livres, ainsi que les diverses dotations affectées pour leur accroissement, leur entretien et frais d'administration.

Un passage intéressant à détacher mérite d'être cité en son entier :

Dans le cas où les présentes viendraient à paraître sous les yeux d'un tribunal, je le supplie de considérer que je n'en suis pas responsable et que je crois avoir fait tout mon possible pour que mes dernières dispositions puissent profiter à mon pays et à la Ville de Paris, surtout comme restitution. Je le supplie, en outre, d'avoir en mémoire : que ce qu'il a sous les yeux n'est que le résultat de privations de plusieurs existences

BUSTE DE M. AUGUSTE DUTUIT

BRONZE

(Cliché Lansiaux)

Imp. Ch. Wittmann

et que, dans le cas de plaintes de spoliation, ceux qui se plaindraient auraient encore reçu bien au delà de ce qu'auraient pu recevoir l'auteur ou les auteurs du présent à leur origine . . .

Tout à la fin :

Que Dieu lui vienne en aide et que le Tribunal lui soit léger. *Sit tibi toga levis.*

C'est l'instant de rechercher quelle était l'importance du legs fait à la Ville de Paris.

Si l'on se reporte à l'acte de délivrance de legs du 29 août 1902, on trouve que les collections ont été prisées au cours de l'inventaire, c'est-à-dire sur des bases minima . . . . 3,192,870 francs;
Les deux immeubles de Paris ont été évalués
en capital à 2,735,000
542 actions de la Banque de France 2,044,700
Enfin, le million à prendre chez MM. Mallet,
banquiers (testament du 12 mars 1893) 1,000,000
Total pour la Ville de Paris. . 8,972,570

Le surplus de la succession, abstraction faite des nombreux legs particuliers faits à divers, des charges de toutes sortes, droits de mutation et autres, paraît devoir s'élever, comme actif net à partager, à 5 ou 6 millions.

Les testaments de 1899 et de 1900 ont précisé les obligations de la Ville de Paris, toujours appelée à défaut de ce qui dans le passé avait nom Musée des Arts décoratifs : celle-ci doit conserver la dotation pendant quatre-vingt-dix-neuf ans; fournir un local central, apte à loger toute cette collection qui prendra nom *Dutuit;* accès toujours gratuit au public;

entretien à perpétuité d'une sépulture Duclos-Dutuit au Père-Lachaise.

De plus, ce legs restera à la disposition de la Ville de Paris pour son refus ou son acceptation, ainsi que la désignation d'un local, pendant l'espace de deux mois; le legs accepté, autres quatre mois pour l'installation et son parfait fonctionnement avant de prendre possession de la dotation. Ces conditions non exécutées seront considérées après ces délais comme refus. La Ville de Paris n'ayant pas accepté dans les délais prescrits, ce legs..... sera dévolu à la Ville de Rome (Italie).

Lorsque, quelques jours après son décès, les généreuses dispositions testamentaires de M. Auguste Dutuit furent portées à la connaissance des représentants de la Ville de Paris par M. Félix Feuardent, ami et exécuteur testamentaire du défunt, qui a tant fait pour elle dans ces circonstances, on comprend sans peine que l'unique préoccupation de tous fut d'arriver à une exécution rapide pour éviter les effets fatals de la clause de déchéance.

M. Feuardent, dont la modestie seule égale le dévouement et la compétence, se prodigua pour procurer à la Ville de Paris le bénéfice de ce legs : grâce à lui, le testament, celui du 30 mai 1900, qui avait été trouvé à Rome et déposé chez un notaire public italien, parvint dans les derniers jours de juillet à la Préfecture de la Seine, c'est-à-dire en pleines vacances de la vie municipale, qui prend fin pour ainsi dire avec le 14 Juillet. Aussitôt M. le Secrétaire général, d'ordre de M. le Préfet de la Seine, retenu loin de Paris pour raison de santé, réunit à son cabinet M. Feuardent, les différents chefs de service de la Préfecture, M. G. Veyrat, chef du bureau des Beaux-Arts, M. G. Cain, conservateur de Carnavalet et

M⁰ Duplan, avoué de la Ville. La situation n'apparaissait pas bien nette : en fait, le défunt vivait très modestement à l'écart, fort retiré, passant depuis quelques années une grande partie du temps à Rome avec sa femme, qui ne parlait pas français, et l'on ignorait tout de lui. A qui fallait-il s'adresser pour procéder régulièrement dans les délais impartis? Il n'y avait pas de temps à perdre en longues réflexions et en tergiversations vaines : c'est ce que M. Duplan, avoué de la Ville, fit ressortir, dans cet imposant conseil où bien des avis furent émis. Il offrit de se rendre le surlendemain à Rouen pour se renseigner sur la situation, en annonçant que d'ailleurs, selon lui, on ne pouvait réussir, au point de vue pratique, qu'à la condition d'obtenir la nomination d'un administrateur séquestre de la succession avec pouvoir, dans les conditions particulières où l'affaire se présentait, de faire à la Ville de Paris délivrance et remise effective immédiate du legs fait à celle-ci. Les renseignements recueillis sur place vinrent confirmer les prévisions du premier moment. Aussi, le 5 août 1902, lorsque tous les prétendants droit à la succession, héritiers ou légataires, accompagnés de leurs conseils, se présentèrent en nombre au vieil hôtel du défunt, 21, quai du Havre, à Rouen, sur le port, presque en face du pont transbordeur, le juge de paix qui avait la direction et la responsabilité des opérations de levée des scellés, apposés à la requête de M. Feuardent, dès l'annonce du décès, eut fort à faire pour contrôler seulement les qualités prétendues et les pouvoirs des intéressés.

Tout de suite il apparut que la dévolution de l'ensemble de la succession disponible nécessiterait des mesures urgentes à raison des dispositions s'appliquant à la seconde part, qui figuraient au testament trouvé à Rome, seul connu à ce moment :

En dehors de ce legs (celui fait à la Ville de Paris) et autres qui seront désignés ailleurs, comme je ne reconnais à personne, à moi pas plus qu'à tout autre, le droit de déshérence (*sic*), je lègue le surplus de mes biens terrestres et valeurs existant en France seulement, ayant pris d'autres dispositions pour ce qui m'appartient en Italie,..... à tous ceux qui, d'après les lois, pourraient y avoir droit, quel que soit leur degré de parenté.

Une précision plus grande encore est venue confirmer depuis cette libéralité, le 30 mai 1901, en ajoutant que le partage se ferait indistinctement entre tous ceux pouvant justifier d'un titre de parenté, par parts égales et par tête. — Il y a présentement 1,100 prétendants droit à la succession. — Aussi tout le monde fut-il d'accord pour se transporter sur l'heure en référé devant M. le Président du tribunal qui, avant toutes choses, prescrivit, par les soins de M. le Juge de paix, une perquisition immédiate afin de retrouver d'autres testaments que les domestiques supposaient être dans le bureau du défunt et qui y furent en effet retrouvés. Ce n'est qu'à 7 heures du soir que toutes les parties et leurs conseils purent de nouveau se réunir dans le cabinet de M. le président Bona-Christave, qui finalement rendit l'ordonnance suivante :

Attendu que les parties sont en désaccord sur la question de savoir si le testateur a ou non institué des légataires universels et que, dans le cas de l'affirmative, il y a, en outre, désaccord sur les personnes gratifiées, lesquelles, d'ailleurs, ne sont pas dénommées dans les testaments;

Attendu qu'il ne nous appartient pas en référé de préjuger la solution de ces délicates questions; que nous devons nous borner à constater qu'aucune des parties ne justifie, quant à présent, d'un droit certain, soit comme héritier, soit comme légataire universel; que la succession étant essentiellement litigieuse, il convient de nommer un administrateur séquestre qui requerra la levée des scellés, fera procéder à l'inventaire, ainsi qu'à toutes mesures conservatoires pour le compte de tous les ayants droit;

Attendu que M. Feuardent, investi par la confiance du défunt de la qualité d'exécuteur testamentaire du legs particulier fait à la Ville de Paris, nous demande de conférer à l'administrateur tous les pouvoirs nécessaires pour consentir la délivrance dudit legs; que cette mesure, qui ne préjudicie aux droits d'aucun des intéressés, s'impose en raison de l'urgence; qu'elle répond d'ailleurs aux volontés implicites du testateur; qu'en accordant seulement à la Ville de Paris un délai de deux mois pour acquitter le legs et en ne conférant pas la saisine à l'exécuteur testamentaire, le défunt, qui n'a pu se dissimuler que la succession ne serait pas réglée dans un bref délai, a nécessairement voulu que la délivrance du legs puisse être consentie par un représentant légal;

Par ces motifs,

Au principal, renvoyons les parties à se pourvoir;

Nommons Talbot, président de la Chambre des avoués de Rouen, administrateur séquestre des biens composant la succession Dutuit tant en France qu'à l'étranger;

Lui donnons notamment pouvoir de faire procéder à sa seule requête à la levée immédiate des scellés et de faire faire inventaire nonobstant toutes les oppositions déjà faites ou celles qui se produiraient dans la suite et de prendre toutes les mesures conservatoires;

Commettons M⁰ Turban, notaire à Rouen, pour procéder à l'inventaire;

Disons que l'administrateur devra faire délivrance à la Ville de Paris des legs à elle faits conjointement avec M. Feuardent et ce nonobstant toutes oppositions; lui donnons, vu l'urgence, tous pouvoirs à cet effet, mais à la charge de faire confirmer ces pouvoirs par un jugement de la Chambre du conseil dans le délai de huitaine.

6.

Ce jugement est intervenu le lendemain, à la date du 6 août 1902, de tous points conforme à la demande.

Après ce très complet succès qui sauvait les représentants de la Ville des vives inquiétudes qu'ils venaient de traverser, succès dont une si grande part revenait à la sagacité et à l'expérience de Mᵉ Duplan, on se mit aussitôt à l'œuvre. L'inventaire avec la levée des scellés commencèrent dès le lendemain matin. M. Georges Cain, conservateur du musée Carnavalet, chargé de l'organisation du Palais des Beaux-Arts, M. Veyrat, chef du bureau des Beaux-Arts, représentant M. Brown, chef du service, empêché, accompagnés de MM. Escolier, Hénard, Robiquet, attachés, furent, sur place, les représentants de M. le Préfet de la Seine, pour cataloguer toutes ces œuvres d'art et aviser au transport ultérieur et à la mise en place future. La quatrième Commission du Conseil municipal se réunit d'urgence et envoya à Rouen, sous la conduite de M. Deville, l'un de ses vice-présidents, une délégation, composée de MM. Ernest Gay, syndic, Chautard, Marsoulan, Chausse, Piperaud, Quentin-Bauchart, conseillers municipaux, Dauly, chef de bureau, secrétaire administratif de la Commission.

Les représentants du Conseil décidèrent, afin de faciliter les travaux de la Commission, de prier M. Quentin-Bauchart, l'un d'eux, de demeurer à Rouen et de suivre les opérations au fur et à mesure de la levée des scellés.

Le Conseil municipal fut convoqué en session extraordinaire pour le lundi 18 août 1902, avec à l'ordre du jour cette seule question : *Legs Dutuit.*

Les édiles parisiens tinrent à honneur de répondre à la convocation de l'Administration.

Bien que la période des vacances eût éloigné de Paris un

grand nombre d'entre eux, les Conseillers se rendirent en forte majorité à la séance.

Dès l'ouverture de celle-ci, M. Paul Escudier, Président, fit la déclaration suivante :

Avant de donner la parole à **M.** Quentin-Bauchart, je tiens, Messieurs, à nous féliciter de l'occasion qui réunit le Conseil municipal et à saluer la mémoire de **M.** Dutuit. (*Très bien !*)

Ce généreux donateur a voulu que le bénéfice de ses richesses artistiques profitât à l'instruction des travailleurs, à l'éducation de leur goût, et il a laissé dans ce but à la Ville de Paris les collections magnifiques que son frère et lui avaient consacré leur vie à réunir.

La 4ᵉ Commission va vous proposer de reconnaître par un hommage solennel les libéralités de M. Dutuit, mais il convenait que les premières paroles prononcées dans cette séance fussent pour exprimer la gratitude que méritent une noble pensée et un exemple précieux. (*Très bien ! — Applaudissements.*)

La parole fut ensuite donnée à M. Quentin-Bauchart, rapporteur.

Tout d'abord, Messieurs, dit M. Quentin-Bauchart, permettez-moi de m'associer aux paroles que vient de prononcer M. le Président du Conseil et d'adresser un adieu ému à cet homme de bien pour la bonne pensée qu'il a eue d'offrir à Paris, la Ville-Lumière, Paris, le centre des lettres et des arts, un cadeau de cette importance ; permettez-moi de rendre également hommage à sa mémoire en notre nom à tous, au nom de la grande Cité dont nous sommes les représentants élus, et de lui adresser le témoignage public de notre profonde reconnaissance. (*Assentiment.*)

Je désirerais également associer dans nos remerciements la digne compagne de sa vie, qui connaissait depuis longtemps les intentions du défunt et qui s'est appliquée, avec une bonne grâce dont nous avons été témoins, à aplanir toutes les difficultés. (*Applaudissements.*)

A la suite de l'exposé du rapport fort intéressant présenté par M. Quentin-Bauchart, au nom de la Commission, toutes les propositions préfectorales furent adoptées à l'unanimité, notamment en ce qui concernait l'acceptation sans réserve du legs ainsi que l'installation de toute cette superbe collection.

Voici intégralement le texte des délibérations prises par le Conseil municipal dans la séance du 18 août :

1902. 2452 et 2453. — *Acceptation du legs Dutuit* (M. Quentin-Bauchart, *rapporteur*).

LE CONSEIL,

Vu les dispositions testamentaires déposées chez Mᵉ Édouard Lefebvre, notaire à Paris, et chez Mᵉ Guérin, notaire à Rouen, aux termes desquelles M. Auguste Dutuit, en son vivant demeurant à Rouen (Seine-Inférieure), décédé à Rome (Italie), le 11 juillet 1902, a notamment légué à la Ville de Paris sous diverses charges et conditions :

1° Toutes ses collections artistiques;

2° Diverses dotations consistant notamment en deux immeubles sis à Paris, rue Cadet, 9 et 11, et boulevard des Filles-du-Calvaire, à l'angle de la rue Commines, et 542 actions de la Banque de France;

Vu les mémoires de M. le Préfet de la Seine en date des 12 et 18 août 1902;

Vu le rapport de M. Georges Cain, conservateur du musée Carnavalet;

Vu le rapport de M. le Directeur des services d'architecture;

Vu le rapport du géomètre du Service des cimetières et l'avis du Bureau des inhumations en date des 4 et 5 août 1902;

Vu les lois du 18 juillet 1837 et du 24 juillet 1867;

Vu le rapport présenté par M. Quentin-Bauchart, au nom de la 4ᵉ Commission;

Le Comité du budget entendu,

Délibère :

Article 1er. M. le Préfet de la Seine est autorisé à accepter, au nom de la Ville de Paris, aux charges, clauses et conditions qui résultent des dispositions testamentaires susvisées, les legs faits à la Ville de Paris par M. Dutuit de ses collections et dotations y affectées.

Art. 2. M. le Préfet de la Seine est autorisé, en conséquence, à poursuivre immédiatement, par toutes les voies de droit, la délivrance desdits legs et leur remise à la Ville de Paris.

Art. 3. Conformément aux volontés du testateur, la Ville de Paris prend à sa charge l'entretien à perpétuité de la sépulture de la famille Duclos-Dutuit, au Père-Lachaise.

1902. 2452 et 2453 bis. — *Installation des collections Dutuit* (M. Quentin-Bauchart, *rapporteur*).

Le Conseil

Délibère :

Article 1er. Les collections léguées par M. Dutuit seront installées au Palais des Beaux-Arts (Petit Palais), que la Ville possède aux Champs-Élysées.

La partie qui leur sera affectée prendra le nom de « Collections Dutuit ».

Art. 2. Les sommes provenant des revenus des dotations affectées par M. Dutuit à l'installation, à l'entretien, à l'accroissement, à la garde de ces collections, figureront chaque année à un article spécial du budget des recettes et à un article spécial du budget des dépenses; il ne pourra en être fait aucun emploi sans une délibération du Conseil municipal.

Art. 3. Une somme de 60,000 francs est mise, à titre de provision, à la disposition de M. le Préfet de la Seine pour être employée, d'accord avec la 4ᵉ Commission, à l'installation des « Collections Dutuit ».

Aucune autre dépense ne pourra être engagée sans une délibération du Conseil municipal, prise sur le rapport de sa Commission compétente et sans justification de cette dépense.

Art. 4. Le Petit Palais devra être mis intégralement, le 20 septembre au plus tard, à la disposition du Service des beaux-arts; il devra être à cette époque évacué complètement par les services d'architecture.

1902. 2452 et 2453 ter. — *Hommage à la mémoire de M. Dutuit. — Commande des bustes de MM. Dutuit et attribution du nom de Dutuit à une rue de Paris* (M. Quentin-Bauchart, rapporteur).

Le Conseil,

Sur la proposition de sa 4ᵉ Commission,

Délibère :

Article 1ᵉʳ. En raison de l'importance du legs fait par M. Dutuit, le Conseil municipal, au nom de la Ville de Paris, tient à rendre publiquement hommage à la mémoire du généreux donateur et à témoigner de la profonde reconnaissance qu'il en ressent.

Art. 2. Il est ouvert un crédit de 8,000 francs pour l'exécution de deux bustes des frères Dutuit, qui seront placés dans le Petit Palais, au milieu des collections léguées à la Ville de Paris. Cette somme de 8,000 francs sera prélevée sur le chapitre 23, article unique, du budget de l'exercice 1902 et rattachée au chapitre 13, art. 32-33, dudit budget.

Art. 3. Le nom de Dutuit sera donné à une voie publique de Paris.

Quelques jours après, les délibérations du Conseil municipal étaient approuvées par M. le Préfet, si bien que le 29 août 1902, par acte devant M⁰ Turban, notaire à Rouen, M⁰ Duplan, avoué de la Ville, mandataire spécial de M. le Préfet de la Seine, acceptait de M⁰ Talbot, avoué à Rouen, administrateur séquestre de la succession, la délivrance et la remise effective de toute la collection Dutuit, se trouvant tant à Rouen que dans les châteaux des Moulineaux et d'Epremesnil, qu'à Paris chez divers dépositaires. Un mois ne s'était pas passé depuis cette très importante journée qui faisait suite aux 5 août (levée des scellés) et 18 août (acceptation du legs par le Conseil municipal), que toutes les caisses contenant l'ensemble du legs précieux fait à la Ville de Paris, se trouvaient transportées, sans casse, sans avarie, sans perte ni vol, dans des locaux provisoires du Petit Palais.

Pendant ce temps, l'installation définitive se poursuivait sous la direction intelligente de M. Georges Cain, et cela toujours avec le souci de respecter les volontés formellement exprimées par le testateur; si bien que la Ville de Paris, donnant ainsi l'exemple de ce qu'il est possible de faire lorsqu'on le veut et qu'il le faut, put fixer au 11 décembre 1902, c'est-à-dire avant même le délai extrême imposé par M. Dutuit, l'inauguration du musée qui allait porter son nom.

Il ne reste plus à la Ville de Paris qu'à obtenir la délivrance des importantes dotations qui lui ont été léguées et auxquelles elle n'avait droit qu'à la condition d'exécuter, dans les délais impartis, les dispositions testamentaires que l'on sait. La demande en est pendante devant le tribunal de Rouen, qui devra déterminer la ou les personnes ayant qualité pour effectuer régulièrement cette délivrance. Que l'on songe en effet qu'à l'heure actuelle 1,100 parents de M. Dutuit interviennent pour revendiquer la qualité de légataire, découlant pour eux du testament de 1901, qui les a tous appelés, sans distinction de ligne ou de rang, mais simplement par tête!

D'autres, moins bien partagés que la Ville de Paris, sont intéressés à ce que cette situation compliquée se démêle rapidement pour obtenir la délivrance de leurs legs. En effet, la ville de Rouen, ses pauvres, ses hôpitaux, ses musées, la ville de Marseille « à titre et comme acte de restitution et de reconnaissance pour services rendus depuis près d'un siècle », reçoivent des dons importants dans la succession de M. Dutuit; les domestiques, les serviteurs, divers amis ou personnes ayant rendu des services ne sont pas oubliés non plus.

C'est donc la mémoire d'un homme de bien qu'il faut honorer et perpétuer, et, dès le premier moment, dans un sentiment de gratitude et de reconnaissance, la Ville de Paris s'est attachée à cette idée : une rue parisienne portera le nom des frères Dutuit; leurs bustes figureront au Petit Palais et sans même attendre les disponibilités que pourront lui laisser les revenus de la dotation, elle a voté des pensions viagères pour la veuve de son bienfaiteur et deux de ses serviteurs dignes d'intérêt. Rien n'a été négligé pour installer dignement une collection déjà superbe, appelée chaque année à recevoir un nouveau développement grâce aux libéralités importantes dont les revenus doivent en partie servir à cet objet.

M. Paul Escudier, président du Conseil municipal, M. le Préfet de la Seine et M. le Président de la 4e Commission exprimèrent à la tribune du Conseil les remerciements de la Municipalité pour chacune des personnes qui, à l'occasion de la succession Dutuit, avaient servi les intérêts de la Ville de Paris avec dévouement et avec expérience.

M. le Préfet de la Seine s'exprimait ainsi :

Il a été adressé par M. le Président du Conseil municipal et par M. le Rapporteur de la 4ᵉ Commission un public hommage à la mémoire de M. Dutuit, hommage auquel le Préfet de la Seine demande à s'associer de tout cœur.

Permettez-moi d'exprimer également mes remerciements chaleureux à M. Feuardent, exécuteur testamentaire; à Mᵉ Duplan, avoué de la Ville; à M. Georges Cain, conservateur du musée Carnavalet, et de les complimenter du zèle éclairé dont ils ont fait preuve.

J'envoie en même temps l'assurance de notre profonde gratitude à MM. les membres du corps judiciaire, à Mᵉ Talbot, président de la Chambre des avoués de Rouen, administrateur judiciaire de la succession, à MM. les officiers ministériels, notaires et avoués, à M. le Commissaire-priseur de Rouen, à tous ceux, en un mot, qui ont témoigné dans cette circonstance de leur dévouement aux intérêts de la Ville de Paris. (*Applaudissements. — Très bien !*)

En même temps qu'à M. Feuardent, exécuteur testamentaire, les premiers remerciements de la Municipalité devaient s'adresser à Mᵉ Duplan, avoué, dont l'action personnelle a le plus utilement contribué à faire entrer la précieuse collection Dutuit dans les biens de la Ville de Paris. Son habile intervention eut pour résultat heureux de procurer la délivrance immédiate du legs, alors que les minutes étaient si précieuses, et permit que M. Georges Cain et les collaborateurs auxquels incombait la mise en valeur des richesses de la collection eussent la possibilité matérielle de les remettre à la Municipalité, merveilleusement ordonnées, avant l'époque même fixée par le testateur.

CHAPITRE V.

Le Bureau du Conseil municipal décida que l'inauguration
du Musée de la Ville et de la collection Dutuit serait consacrée
par une cérémonie officielle à laquelle M. le Président de la
République serait invité.

M. Paul Escudier, président du Conseil municipal, et
M. Ernest Gay, syndic, portèrent à M. le Président de la République l'invitation de la Municipalité.

M. Émile Loubet, Président de la République, accepta avec
plaisir de se rendre à la cérémonie organisée par la Ville de
Paris, et la date en fut fixée au jeudi 11 décembre 1902, à
deux heures de l'après-midi.

M. le Ministre de l'intérieur voulut bien transmettre aux
membres du Cabinet l'invitation que le Bureau du Conseil municipal leur adressait en sa personne.

Le programme de la cérémonie, préparé par le syndic du
Conseil municipal, fut ratifié par le Bureau de l'assemblée.

M. de Selves, Préfet de la Seine, avait délégué M. Bouvard,
directeur des services d'architecture, pour le représenter auprès
du Bureau dans les études préliminaires de la fête et l'avait
chargé d'en assurer les moyens d'exécution.

Les invitations furent rédigées, selon l'usage, au nom de la
Municipalité de Paris.

Elles étaient gravées par Dewambez sur une carte double

dont le plat portait la reproduction d'une eau-forte originale d'Albert Dürer appartenant à la collection Dutuit, tirée de la suite du *Triomphe de Maximilien.*

Trois mille invitations furent lancées par les soins de M. Ernest Gay, syndic du Conseil municipal, qui les fit déposer nominalement au domicile de chaque invité.

Elles étaient adressées :

A la Présidence de la République et aux membres du Gouvernement; aux Président de la Chambre et du Sénat; au Conseil d'État; aux Bureaux des cinq Académies; au Conseil supérieur des beaux-arts; au Directeur et aux inspecteurs généraux des beaux-arts; aux membres de l'Académie des beaux-arts; aux directeurs et conservateurs des musées de Paris, de Sèvres et de Saint-Germain-en-Laye; aux conservateurs des bibliothèques; aux directeurs de l'École nationale des beaux-arts, de l'Imprimerie nationale; à l'Inspecteur général du garde-meuble; aux directeurs de la Monnaie et des Archives; aux Bureaux de la Société des artistes français, de la Société nationale des beaux-arts, des Artistes indépendants; aux secrétaires généraux et directeurs des deux Préfectures; aux anciens présidents et syndics du Conseil municipal; aux maires de Paris; à la Presse; aux grandes Commissions de recherches historiques et artistiques de la Ville de Paris; à la Commission du vieux Paris; à la Société des gens de lettres; aux artistes dont les œuvres sont exposées au Musée municipal; aux exécuteurs testamentaires de M. Dutuit; à la Société des amis du Louvre; aux artistes, hommes de lettres; aux théâtres, etc.

Le 11 décembre, dès une heure de l'après-midi, les invités arrivent au Palais des Beaux-Arts; équipages, voitures automobiles, landaus officiels amènent devant le perron une foule élégante et empressée qui pénètre dans l'édifice au milieu d'un ravissant décor de plantes vertes ornant à profusion les galeries.

CARTE D'INVITATION

À L'INAUGURATION DU PALAIS DES BEAUX-ARTS

(D'après Albert Durer)

INAVGVRATION DE LA
COLLECTION DVTVIT
ET DV MVSÉE MVNICIPAL
II DÉCEMBRE MCMII
Tiré de la
COLLECTION DVTVIT
Bruembez. Sculp
Imp. Ch Wittmann

RÉPVBLIQVE FRANÇAISE

Liberté . Egalité . Fraternité.

———

La MVNICIPALITÉ DE PARIS prie

M..

de lui faire l'honneur d'affifter à
l'inauguration du **MVSÉE DE LA VILLE**
& de la **COLLECTION DVTVIT** *qui*
aura lieu au **PALAIS DES BEAVX-ARTS,**
Avenue Alexandre III. le Jeudi Onze Décembre
à 2 heures précifes. en préfence de **M. LE PRÉSIDENT**
DE LA RÉPVBLIQVE

Invitation pour une feule perfonne.

DEVAMBEZ, GRAVEUR

Une température douce règne partout, les lourds vêtements d'hiver sont déposés dans les vestiaires et les toilettes apparaissent plus fraîches. Pendant l'attente, les hôtes de la Municipalité sont réunis dans le vaste hall de la statuaire où déjà ils peuvent admirer les œuvres superbes dont la plupart n'ont été vues encore que dans les Salons annuels. L'affluence des invités est à chaque instant plus nombreuse, et les organisateurs peuvent apprécier que les cartes envoyées ont été toutes utilisées.

Les personnages officiels se groupent dès l'entrée dans la grande rotonde pour attendre l'arrivée de M. le Président de la République.

M. Paul Escudier, président du Conseil municipal, et M. de Selves, préfet de la Seine, reçoivent les invités et leur font les honneurs, entourés des membres du Bureau et d'un grand nombre de conseillers municipaux. Auprès d'eux se tiennent MM. les Secrétaires généraux, Directeurs et Chefs de service des deux Préfectures.

L'assistance officielle comprend :

MM. Chaumié, ministre de l'instruction publique et des beaux-arts ; Trouillot, ministre du commerce et de l'industrie ; Maruéjouls, ministre des travaux publics ; le comte Tornielli, ambassadeur d'Italie ; le général Florentin, grand-chancelier de la Légion d'honneur ; le général Faure-Biguet, gouverneur militaire de Paris ; le général Niox, commandant la place de Paris ; Hémard, président du Conseil général, et les membres du Conseil général ; les anciens présidents et syndics du Conseil municipal de Paris ; Dausset, président, et Quentin-Bauchart, vice-président de la Commission municipale de l'enseignement et des beaux-arts ; Autrand, secrétaire général de la Préfecture de la Seine ; Laurent, secrétaire général de la Préfecture de police ; les Directeurs des deux Préfectures ; le colonel commandant la légion de la Garde républicaine et le colonel commandant le régiment de sapeurs-pompiers de Paris; Leblond, maire de Rouen; Roujon, directeur des beaux-arts; Feuardent, exécuteur testamentaire de M. Dutuit; Talbot, administrateur judiciaire de la succession; Duplan, avoué de la Ville; Bruman, directeur des affaires départementales et communales au Ministère de l'intérieur; Kaempfen, directeur des musées nationaux; Mollard et de Roujoux, chef et sous-chef du service du protocole; Bouvard, directeur des services d'architecture de la Ville de Paris; Charles Girault, architecte du Petit Palais; Armand Bernard, directeur du cabinet du Préfet de la Seine; Brown, chef du Service des beaux-arts; Georges Cain, délégué à l'organisation du Palais des Beaux-Arts; G. Veyrat, chef du bureau des Beaux-Arts.

A deux heures précises, les portes du Petit Palais s'ouvrent toutes grandes; M. Paul Escudier, président du Conseil municipal, M. de Selves, préfet de la Seine, et les Ministres descendent les marches et reçoivent M. le Président de la République qu'ils accompagnent sous la grande coupole où les invités officiels lui sont présentés.

Pendant ce temps la musique de la Garde républicaine exécute *la Marseillaise*.

Madame Émile Loubet, qui a accepté avec M. le Président de la République l'invitation de la Municipalité, est accompagnée par M. Chaumié, ministre de l'Instruction publique. Auprès d'elle on remarque, parmi les dames, les femmes de plusieurs ministres, Mme Paul Escudier, Mme de Selves.

Le cortège se forme et se rend à travers la galerie des statues vers le Musée de la Ville de Paris qui occupe l'aile du palais en bordure des Champs-Élysées.

M. le Président du Conseil municipal et M. le Préfet de la Seine en font les honneurs à M. le Président de la République et entendent les explications de M. Ralph Brown, chef du service des Beaux-Arts, sous la direction duquel est placé le Musée municipal.

Cette visite un peu rapide révèle aux invités l'importance des collections que la Ville possède et qui jusqu'alors étaient restées ignorées de tous. Le chapitre spécial de cette relation consacré au Musée municipal établira la variété et la richesse des œuvres exposées.

L'affluence et l'empressement des visiteurs sont grands et, lorsque les personnages officiels arrivent à la collection Dutuit, il devient indispensable de couper le cortège pour éviter un fâcheux encombrement dans ces salles. Il en résulte pour les invités une attente que les organisateurs auraient souhaité abréger et que la disposition des lieux oblige d'imposer à l'assistance.

Lorsque M. le Président de la République arrive à la collection Dutuit, il voit s'ouvrir devant lui la grille ajourée qui isole entièrement l'aile du Palais où elle est réunie.

M. Émile Loubet porte un très grand intérêt aux merveilles qui sont exposées dans ces salles. M. Quentin-Bauchart, président de la Commission du Palais des Beaux-Arts, et M. Georges Cain, qui fut l'organisateur de cette magnifique exposition, présentent les pièces les plus rares et en commentent la valeur artistique et la beauté; quelques vitrines sont ouvertes devant les invités officiels qui peuvent examiner les objets précieux si divers, antiquités, émaux, verreries, faïences rarissimes, gravures, estampes, livres et reliures. Les invités saluent le buste de M. Dutuit, et M. le Président de la République quitte ces salles après avoir félicité la Commission municipale et M. Georges Cain d'avoir si heureusement réalisé la volonté de la Municipalité.

Les invités pénètrent alors dans les salles de la collection Dutuit et continuent la visite comme le premier groupe vient de l'effectuer.

Dans la galerie centrale du Musée municipal un long buffet a été établi. Il est luxueusement décoré de fleurs et de surtouts, et la maison Potel et Chabot en assure l'approvisionnement et le service.

Au centre de cette salle, face à la précieuse maquette du *Triomphe de la République*, de Dalou, un emplacement est préparé pour les discours.

C'est là que se rend le cortège officiel en quittant la collection Dutuit.

M. le Président de la République et Mme Loubet prennent place sur des fauteuils qui leur ont été réservés; le Président du Conseil municipal, le Préfet de la Seine, les membres du Conseil sont debout et leur font face.

M. Paul Escudier prend la parole le premier et prononce le discours suivant :

MONSIEUR LE PRÉSIDENT DE LA RÉPUBLIQUE,

Je vous remercie d'avoir bien voulu accepter l'invitation du Conseil municipal. Votre présence ne rehausse pas seulement l'éclat de cette cérémonie; elle en souligne aussi l'importance et, pourrais-je dire, le caractère national.

A cette heure même, en effet, les collections de M. Dutuit entrent définitivement dans le patrimoine artistique de la France. Léguées à la Ville de Paris sous la condition résolutoire qu'elles seraient installées et ouvertes au public dans les six mois du décès du testateur, cette inauguration consacre officiellement l'accomplissement de la condition : notre propriété est désormais parfaite et irrévocable.

Messieurs,

Vous venez de visiter les merveilles de la collection Dutuit. Devant les trésors de la donation, le souvenir du donateur s'est certainement associé à votre admiration, et je répondrai sans doute à un sentiment unanime en adressant à la mémoire de M. Dutuit le tribut de notre profonde gratitude.

Une rue portera son nom. Un buste placé dans ce palais perpétuera ses traits. Mais, en voulant que tant de chefs-d'œuvre servissent à l'instruction des Parisiens, en faisant de Paris son héritier, il s'est dressé à lui-même le monument le plus durable, — et simplement parce qu'il fut riche, intelligent et bon, il bénéficiera d'une immortalité presque aussi enviable que celle du génie.

Les Goncourt disaient : « Il y a des collections d'œuvres d'art qui ne montrent ni une passion, ni un goût, ni une intelligence : rien que la victoire brutale de la richesse. »

Un siècle avant eux, le préfacier du catalogue du marchand-bijoutier ordinaire du roi Louis XV s'écriait : « Délivre-nous, grand Dieu, de ces amateurs sans amour, de ces connaisseurs sans connaissances ! Car ceux-là plus que tous autres contribuent à la corruption du goût et nuisent au progrès des arts. »

MM. Dutuit, eux, étaient de la grande famille des collectionneurs illustres qui n'ont acquis leur expérience et leur sûreté de jugement qu'au prix de recherches lentes et passionnées, guidés par une érudition entretenue et accrue sans cesse. L'amour du document et du bibelot, la passion de l'œuvre parfaite étaient pour eux les formes rares du culte de la tradition.

Félicitons-nous de cette curiosité exquise, de cette fidélité délicate au passé qui nous vaut aujourd'hui de posséder une collection vraiment unique.

Cet hommage aux frères Dutuit serait incomplet si j'en séparais le nom de celle qui fut la compagne de notre bienfaiteur. Mme Dutuit nous a prêté le concours le plus empressé et le plus gracieux, et nous savons que, non contente d'avoir servi la générosité de son mari, elle est disposée à la continuer. Je suis heureux de lui renouveler publiquement nos remerciements et la respectueuse sympathie du Conseil municipal.

Je dois enfin exprimer la reconnaissance de la Ville de Paris à MM. Feuardent, Talbot, Duplan, qui ont été, dans cette circonstance, nos dévoués auxiliaires, nos conseils avisés ; à M. Brown, à M. Georges Cain, les ingénieux metteurs en scène de ces richesses inestimables. Je ne le fais que d'un mot, désirant laisser à M. le Préfet de la Seine le plaisir d'insister sur l'importance de leur concours, dont nous avons apprécié les difficultés et tout le mérite.

Messieurs, à côté des œuvres léguées à la Ville de Paris et qui sont autant de superbes expressions d'art du passé, ce palais contient des œuvres contemporaines acquises par le Conseil municipal.

Nous possédons enfin un musée des beaux-arts qui, s'il n'est pas encore tel que nous voudrions qu'il fût, constitue déjà un centre d'études précieux pour les amateurs, les savants et les artistes et, pour tout le monde, un large foyer d'enseignement.

Il plaît de penser que des milliers et des milliers de visiteurs traverseront ce musée : enfants au cerveau frais et impressionnable où s'éveillera l'idée du Beau, idée qui est toujours une haute leçon de morale quand elle n'est pas le germe fécond d'une vocation ; hommes de tout âge et de toute condition, venant chercher ici un noble délassement du travail quotidien ou l'oubli des heures fâcheuses.

La Ville de Paris, qui se préoccupe depuis longtemps de ce qu'on a appelé « la seconde éducation du peuple », voudra, certes, tirer le meilleur parti de l'admirable instrument de vulgarisation et de propagande qu'elle a en mains. Et, dans les salles encore vides de ce palais, sur ces murs blancs qui font signe au génie, elle aura à cœur de placer des œuvres directement inspirées des idées, des intérêts et des passions de la vie. N'est-ce pas méconnaître la destination d'un musée, son objet essentiel, que d'y admettre des artistes plus soucieux de plaire aux yeux du public que de parler à son esprit et à son cœur en traduisant des émotions d'humanité ? Je souhaite que le Conseil municipal, sans bannir les fidèles attardés du culte exclusif de la forme, les disciples trop souvent stériles de l'art pour l'art, encourage les esprits originaux à renoncer définitivement à cet idéal de convention qui nous a si longtemps séparés du monde réel et à faire communier dans un art social l'intelligence de l'artiste et l'âme des foules. Je souhaite aussi qu'il veuille reprendre l'idée de ces réunions du soir où des hommes de bonne volonté dégageraient devant un auditoire populaire l'avertissement esthétique et la portée morale des belles œuvres, qui sont d'abord de splendides actes de foi.

La Ville de Paris couronnerait ainsi le magnifique ensemble d'institutions enseignantes édifié par les assemblées successives de l'Hôtel de Ville pour faire de la population parisienne une force intelligente, réfléchie et généreuse au service de la République.

Messieurs, Paris consacre ce palais aux beaux-arts. Paris, cité propice au génie, bonne hôtesse de tous ceux qui chevauchent superbement la chimère, qui n'attire les hommes de talent que pour les mettre en lumière et dont les premières faveurs sont déjà de la gloire, dédie ce monument aux maîtres qui ont illustré son nom dans le passé; il y appelle l'élite brillante de leurs successeurs, rêveurs du plus noble rêve, ouvriers de l'œuvre toujours meilleure, interprètes exquis du sourd bourdonnement des choses et de la vie silencieuse des âmes, puissants créateurs d'idéal qui relèvent les cœurs et, sur la route infinie où chemine l'Humanité, trompent nos impatiences et notre lassitude par les mirages fuyants de l'éternelle Beauté !

Les applaudissements et les éloges discrets de l'assistance officielle accueillent le discours de M. Paul Escudier.

M. DE SELVES, préfet de la Seine, prend ensuite la parole en ces termes :

MONSIEUR LE PRÉSIDENT DE LA RÉPUBLIQUE,

MESDAMES,

MESSIEURS,

Depuis que les maîtres du XVIIIe siècle accrochèrent pour la première fois leurs tableaux aux murs de la place Dauphine, en plein vent, le jour de la petite Fête-Dieu, la tradition s'est perpétuée qu'au mois de mai les artistes dont la France s'honore, comme pour saluer le printemps et chanter à leur tour la nature qui renaît à la vie, offrent à Paris la fête du vernissage.

Dans ce merveilleux jardin des Champs-Élysées tout sourit, tout est gai alors, et quel cadre enchanteur font autour du palais qui contient les chefs-d'œuvre des maîtres nos grands arbres verdoyants, nos beaux marronniers dont les bourgeons s'entr'ouvrent!

Quel contraste aujourd'hui!

Nous sommes en plein hiver.

Comment se peut-il donc que ce soit une froide journée de décembre que Paris ait choisie pour ouvrir son Palais des Beaux-Arts?

Vous en avez deviné la raison :

Un homme dont le nom est désormais lié à l'histoire de Paris et dont le souvenir évoque notre plus profonde gratitude, M. Auguste Dutuit, est mort à Rome au mois de juin, nous léguant ses richesses d'art, mais en précisant que, enfouies un peu partout, à Rouen, près de Rouen, à Paris, au Havre, elles devaient dans un délai très court, être réunies et présentées au public.

Avant cette époque, je ne connaissais pas M. Dutuit et ceux qui devant moi avaient pu prononcer son nom s'étaient bornés à cette réflexion : « C'est un original! »

De combien grande allure cette originalité qui avait consisté à travailler patiemment, obstinément, à amasser, avec le sens artistique le plus sûr, des trésors d'art, dans le but qu'un jour, livrés au public, ils servent à former son goût et à éclairer la marche de ceux qui se consacrent à la recherche du Beau!

Originalité du cœur qui pousse à faire le bien et qui engendre après soi une longue traînée de reconnaissance!

L'esprit de M. Dutuit devait être également ouvert à l'observation et confiner peut-être parfois à l'ironie.

Car, il faut que je vous le dise, Monsieur le Président de la République (et dans ma bouche cela ne saurait être banal), il se défiait de l'Administration, se disant que, s'il n'y mettait bon ordre, elle noircirait beaucoup trop de papier avant d'être à même d'ouvrir son musée au public.

Aussi ne nous donnait-il que six mois pour accepter son legs, classer, réunir, transporter et mettre en pleine lumière ses trésors, qui depuis tant d'années avaient dormi dans l'ombre.

Avec un dévouement auquel il m'est doux de rendre hommage et une sorte de coquetterie véritable, mes collaborateurs ont voulu témoigner que l'Administration ne méritait pas toujours les critiques et ils ont tenu à devancer le terme fixé.

C'était, au surplus, pour eux, une manière d'honorer la mémoire du bienfaiteur de Paris.

Permettez-moi, Monsieur le Président de la République, à mon tour, de citer ou de répéter devant vous les noms de M. Cain, de M. Brown et de M. Veyrat.

Ceux de M. Duplan, de M. Feuardent et de M. Talbot.

A chacun, à des titres divers, vont mes remerciements, car c'est à leurs efforts, à leur sagacité et à leur bonne grâce que nous devons cette cérémonie et votre présence.

Je voudrais que citer leurs noms devant vous fût pour eux et aux yeux de tous comme le glorieux ordre du jour que leur dévouement justifie.

Qu'ils sachent, du moins, le cas que nous faisons de leur intelligent concours et l'estime reconnaissante en laquelle nous les tenons.

Avec la collection Dutuit, c'est aussi le musée de la Ville de Paris que vous venez d'inaugurer.

Les tableaux que nous possédons, et dont les acquisitions nouvelles vont chaque année accroître le nombre, sont fiers de se trouver dans ce beau palais que le talent d'un grand architecte a édifié.

C'est que, Monsieur le Président de la République, ils ont connu bien des péripéties et, s'ils n'ont rien perdu pour attendre, ils ont du moins longtemps attendu.

Après une hospitalité éphémère au pavillon du Cours-la-Reine, ils avaient pris le chemin de l'exil et avaient dû se réfugier dans les réserves municipales d'Auteuil.

Il y a vraisemblablement pour toutes choses une justice immanente, car les voilà installés désormais ici et salués dès leur arrivée par vous, Monsieur le Président, et l'assistance aussi choisie qu'aimable qui forme votre cortège.

Nous espérons et nous tâcherons que ce musée de la Ville de Paris soit un musée nouveau par sa conception, procédant un peu de tous les musées qui sont l'orgueil de Paris, et ne fasse double emploi avec aucun.

Nous nous efforcerons de faire que cette journée, que votre venue marque d'une date, soit une date aussi pour l'art.

Le nom des frères Dutuit la consacrera.

Grâce à eux, notre chère cité, dès ce moment, possède un attrait, un charme, une richesse de plus.

La nouvelle année approche et, sans attendre qu'elle ait sonné, Paris, la maîtresse aimée de tous ceux qui ont au cœur le culte du Beau, a reçu de ces deux amoureux de l'art le don de leurs plus chers souvenirs.

A ce culte, Monsieur le Président de la République, nous vouons aujourd'hui ce Petit Palais.

Puisse-t-il devenir de plus en plus le temple où avec l'hymne éternel de la Beauté et de l'Art se chante aussi celui de la Reconnaissance!

Des applaudissements unanimes soulignent le discours de M. le Préfet de la Seine.

M. le Président de la République adresse ses compliments aux orateurs qui viennent, en consacrant l'œuvre nouvelle de la Municipalité, de rendre un hommage si éloquent à la mémoire de M. Dutuit.

Le cortège se rend alors au buffet où des coupes de champagne sont échangées.

M. Paul Escudier, en offrant une gerbe de fleurs à Mᵐᵉ Loubet, lui rend hommage au nom de la Municipalité pour le gracieux empressement et l'intérêt dont témoigne sa présence à côté du Chef de l'État.

Puis les personnages officiels accompagnent le Président de la République à la sortie du Palais des Beaux-Arts. M. Émile Loubet se retire après avoir témoigné de la satisfaction que lui a causée cette cérémonie, et avoir transmis ses félicitations à ceux qui ont eu charge d'aménager dans le Petit Palais les précieuses collections qui vont constituer un des plus beaux musées de la capitale.

Les invités répandus dans les galeries ont admiré pendant une heure encore les œuvres d'art nouvellement exposées.

CHAPITRE VI.

LA COLLECTION DUTUIT.

On s'est beaucoup étonné de la diversité des arts représentés
dans la « Galerie Dutuit » : estampes, manuscrits, livres im-
primés, tableaux, dessins, bronzes antiques, tanagras, numis-
matique, japonaiseries et chinoiseries, bijoux Renaissance,
émaux de Limoges, émaux champlevés, ivoires, majoliques
italiennes, Rouen et Palissy, Rhodes et Venise, rien n'est omis,
tout est représenté; et de là on a conclu à une idée unique,
directrice, seule capable de créer cette collection étrange
d'éclectisme : « Auguste Dutuit, a-t-on prétendu, voulait avoir
chez lui les plus beaux spécimens qu'on pût découvrir dans les
branches multiples des arts à travers les âges. »

Cette prétention semble erronée, quand on considère les faits
de plus près, et surtout si l'on veut bien se rendre compte
que Auguste Dutuit ne fut pas le seul collectionneur de la famille.

En réalité, si la collection offre une telle diversité, c'est simplement parce qu'elle a passé par les mains très diverses d'Eugène
Dutuit, d'Héloïse Dutuit et enfin du donateur, Auguste Dutuit.

Chacun avait ses préférences, chacun a laissé des marques de
ce qu'il affectionnait davantage, Eugène ayant avant tout le culte
des tableaux, des estampes, des manuscrits et des livres rares;
Héloïse Dutuit apportant dans cette sévère collection tout le
charme féminin du xviiie siècle, toute la grâce des jades en
fleurs et des laques aux parfums rares; et Auguste enfin, lui

aussi, assistant assidu des ventes de tableaux, mais avant tout épris de l'antiquité, Auguste à qui nous devons le *Bonus eventus,* le *Bacchus adolescens,* l'*Isis, reine d'Égypte...*

La synthèse de richesses si variées appartenant à toutes les époques de l'art, évoquant toutes les civilisations du passé, produisant les plus beaux spécimens de grandes écoles modernes, devait se dégager d'un classement méthodique, judicieux, qui constituerait le nouveau musée dans son unité définitive, dès le jour où il serait remis au public.

Une tâche si délicate exigeait l'initiative d'un homme expérimenté, possédant des connaissances artistiques fort étendues, capable d'en résoudre les difficultés avec savoir et décision dans le court délai imparti par le testateur.

La Municipalité a désigné M. Georges Cain, conservateur du Musée Carnavalet, qui s'est acquitté, avec un goût auquel chacun rendit hommage, de la mission dont il était honoré.

Des attachés, jeunes, épris d'art, furent placés sous ses ordres, MM. Escolier, Fauchier-Magnan, Gronkowsky, Hénard, Robiquet, qui tous rendirent les services les plus distingués.

Dès le 15 octobre, on procéda à l'installation des collections. Après bien des tâtonnements occasionnés par la difficulté d'exposer tous ces chefs-d'œuvre de menues dimensions dans un cadre aussi grandiose que le palais de M. Girault, on arriva enfin à donner aux « salles Dutuit » cet air d'intimité qui, au Louvre, fait le charme de la collection Sauvageot, si aisément comparable à la collection Dutuit.

Celle-ci fut resserrée et isolée complètement des collections municipales, afin de ne donner prise à aucune critique et d'éviter tout procès; l'exposition y gagna, en ce qu'elle parut plus fournie, plus sérieuse, plus complète.

La grande galerie méridionale reçut les antiquités. Les trois petites salles éclairées par le velum furent ainsi aménagées. Dans la première en entrant du côté des collections de peinture de la Ville, on disposa les œuvres du xviiie siècle, quelques meubles, une vitrine de Saxe, de Sèvres et d'argenterie, une vitrine de chinoiseries, une autre de bijoux Renaissance, une quatrième contenant, au-dessus de verres de Venise opalisés, les trois célèbres pièces de faïence d'Oiron et de Saint-Porchaire; enfin, au mur, deux superbes vitrines de majoliques, de faïences persanes, rhodiennes, siculo-arabes et de Palissy. La seconde salle était réservée aux seuls tableaux flamands et hollandais, avec, au centre, deux vitrines d'émaux de Limoges, d'émaux champlevés, de buis et d'ivoires. La troisième salle, enfin, était la « salle des livres » : au mur, une quinzaine de vitrines-pupitres Louis XV, surmontées des quatre cent dix eaux-fortes originales de Rembrandt et contenant, d'un côté toute l'histoire chronologique de la reliure depuis les couvercles de bois et d'ivoire du xve siècle, depuis Grolier et Maioli jusqu'à Trautz-Bauzonnet et à Lortic; de l'autre côté, l'histoire de la gravure dans le livre, depuis Duvet jusqu'au grand essor du xviiie siècle, jusqu'à Cochin et Gravelot; au milieu, trois grandes vitrines, l'une de manuscrits, l'autre de nos plus belles reliures, la troisième enfin, la « vitrine royale », dont les ouvrages portent, tous, les armes de nos rois; entre les deux colonnes de porphyre soutenant les bustes des frères Dutuit, dans une petite vitrine plate, le chef-d'œuvre de la bibliothèque du duc Philippe le Bon de Bourgogne, le célèbre *Roman d'Alexandre*.

Toutes ces mesures ayant été approuvées par M. le Préfet de la Seine et la 4e Commission du Conseil municipal, la collection Dutuit fut inaugurée dans le délai imparti par le testateur.

I. ANTIQUITÉS.

Tandis qu'une très grande partie des majoliques italiennes est demeurée à Rome, dans la villa de la via del Babuino, les antiquités restées en Italie sont en petit nombre; à coup sûr, nous possédons les pièces les plus belles et les plus importantes, qui se trouvaient, les unes à Rouen, quai du Havre, les autres en dépôt depuis vingt-cinq ans chez M. Chenue, emballeur, et chez M. Feuardent, l'antiquaire bien connu, l'exécuteur testamentaire de M. Dutuit, celui à qui nous devons la savante installation des antiques dans la galerie méridionale du bord de l'eau.

Nous rencontrons dans cette collection tous les genres et toutes les époques, depuis les œuvres grecques du VIe siècle, les vases égyptiens et les bronzes étrusques, jusqu'aux bijoux de la décadence et même jusqu'à des bracelets mérovingiens et des pendants d'oreilles byzantins; toute une vitrine de délicates Tanagras, deux grandes vitrines de statuettes de bronze, des rhytons chimériques, des vases grecs d'une beauté et d'une grâce incomparables, des miroirs somptueux dont la patine bleuie adoucit l'éclat; environ quatre cents médailles ou monnaies d'argent et d'or, étonnamment intactes; enfin, deci, delà, sur des socles d'ébène, des pièces capitales qui sont des merveilles.

Au premier rang, citons le *Bonus eventus,* la plus riche trouvaille des « fins d'Annecy » : « Un jeune homme aux formes robustes est debout, sans draperie, la tête un peu relevée et tournée légèrement vers la gauche du spectateur. Ses bras ne touchent pas le corps; l'un, le bras droit, se replie, et sa main

BACCHUS ADOLESCENS

BRONZE

(Cliché Lansiaux)

Imp. Ch. Wittmann

s'ouvre, d'un geste qui conviendrait à un orateur; l'autre retombe plus en avant, et la main gauche tenait un objet dont il ne subsiste que le bout inférieur, courbé comme l'extrémité d'une corne d'abondance. Les yeux étaient incrustés d'argent, le bout des seins est en cuivre rouge [1]. » Si nous en croyons l'érudit antiquaire que nous venons de citer, le *Bonus eventus* est une copie d'une statue de Polyclète, exécutée sous Pompée, par Pasiteles ou l'un de ses élèves. Cette œuvre est admirable de conservation et de modelé et elle est une des « attractions » de la collection.

Pourtant, lorsque plus loin on aperçoit le *Bacchus adolescens*, avec sa belle patine verte rugueuse, son allure à la fois pesante et féminine, sa tête couronnée d'une branche de lierre en fleur, les cheveux retombant en longues boucles sur les épaules, on ne sait réellement laquelle des deux œuvres priser davantage, tant cette dernière est pleine d'un charme hellénique, de ce charme particulier à l'époque de Praxitèle, traduite, au IIIe siècle avant notre ère, par l'école d'Alexandrie. M. Froehner lui-même nous confirme, de sa grande autorité, que ce « Bacchus » va de pair avec les bronzes les plus renommés du musée de Naples. Cette belle œuvre a été trouvée vers 1880, dans les fouilles faites sur l'emplacement actuel d'une église anglaise, via del Babuino, à Rome, c'est-à-dire dans la rue même où se trouve la villa de M. Dutuit. Des mains du comte d'Épinay, elle passa dans les mains de M. Hoffmann, et, à la vente Hoffmann, elle fut adjugée au généreux collectionneur rouennais.

Sur un socle également, une grande statuette de toute beauté, une reine d'Égypte en Isis, d'une grâce infinie; c'est un ouvrage

---

[1] Catalogue de Froehner.

de style égyptien grécisé de l'époque ptolémaïque : l'auteur a figuré la déesse « en marche » : on a, quand on contemple de profil cette Isis, la sensation nette que tout son être est en mouvement, qu'elle vit d'une vie intense et majestueuse à la fois ; le regard est perfide, les lèvres étrangement sensuelles ; le bras droit raidi est tendu vers le spectateur. « Ce bras est entortillé d'un serpent qui redressait la tête et menaçait de sa langue quiconque résisterait à la déesse reine. La nouvelle Isis porte la couronne d'urœus, le klaft avec la dépouille de vautour, une tunique talaire à manches courtes et un manteau. Sur sa poitrine, la tunique forme le « nœud isiaque ». Le bras gauche se replie au coude en s'avançant : il tenait certainement un sceptre. Les pieds sont nus[1]. » Cette statuette, d'une superbe patine verte, après avoir fait partie de la collection Giovanni di Demetrio, fut cédée à M. Auguste Dutuit par le comte Tyszkiewicz.

N'oublions pas, puisque nous avons déjà parlé de la « trouvaille d'Annecy », n'oublions pas les trois bustes romains découverts en même temps que le *Bonus eventus* : le buste d'Antonin le Pieux et les deux têtes de personnages romains inconnus, datées par M. Froehner de l'époque de Gallien, et dont l'une est d'un tiers plus grande que nature. Les orbites des yeux, vidées aujourd'hui, avaient été incrustées d'émail.

Parmi les bronzes grecs et romains les plus intéressants, citons un oiseau à buste de femme, objet servant de poignée à quelque énorme chaudron de bronze ; un miroir corinthien de la première moitié de ve siècle ; un disque poli ayant pour manche une statuette de Vénus, debout sur un petit support rond,

---

[1] Catalogue de Froehner.

reposant à son tour sur trois pattes de griffon; à noter également une anse de *situle* trouvée en Macédoine, terminée par un grand masque de Bacchus barbu, ciselé et découpé, d'un très beau style; la tête un peu baissée, c'est une Tritonide qui lève son bras droit pour harponner un poisson. « Son buste de jeune fille (παρθένος Τρίτωνος), aux cheveux bouclés, se termine par une ceinture de nageoires *saillantes*, à laquelle s'adapte une queue de pistrix ou de dauphin, longue et ondulée, qui a été fondue à part. » C'est un très bel ouvrage grec de l'époque alexandrine. M. Dutuit le reçut d'Asie Mineure, de Smyrne.

Puis c'est un remarquable timon de char, orné d'un buste de guerrier grec, une *Aphrodite* du siècle des diadoques, un buste de *Silène* au front chauve et au nez camus, une tyché de ville, le couronnement d'un petit terme, composé de deux bustes adossés, une œuvre de grâce et de charme dont a dû s'inspirer Clodion pour ses « Amours »; c'est Livie en prêtresse, *sacerdos divi Augusti* : l'impératrice avait 70 ans quand elle fut chargée de cette fonction, mais l'artiste l'a légèrement rajeunie pour les besoins de la cause. C'est Antonia en Vénus, Antonia, mère de Germanicus, la même dont nous voyons plus loin le buste élégant et dont les yeux évidés donnent une intense profondeur à la physionomie; c'est un danseur pris de vin sans doute, à coup sûr en grosse gaieté, frappant le sol d'un pas pesant, et dont le style finement grotesque indique qu'il fut pétri par des mains alexandrines; un curieux buste de *Mercure,* chargé de clochettes : les anciens croyaient que le son de ces clochettes était la voix d'un dieu et que cette voix éloignait les revenants; ce sont deux grands masques, l'un de bacchante, l'autre d'acteur comique; plus loin une situle en forme de figurine, qui est l'un des plus merveilleux « bibelots » de cette collection de minuscules antiquités : un jeune homme, presque un enfant, couronné de pampres, serré dans sa chlamyde, le visage allongé par le froid, se tient accroupi sur une outre; c'est un jeune vendangeur qui, sans doute, de grand matin, se défend vainement contre les premiers frimas de l'automne; cet ouvrage grec est réellement très remarquable : les artistes, épris de « moderne style », pourront venir le contempler et se convaincre que le xxe siècle n'a rien inventé, et qu'il n'a fait que reprendre les formules de la décadence hellénique. Cette situle fut trouvée à Cluny, en Saône-et-Loire.

D'un travail aussi parfait, d'une exécution aussi poussée, cette lampe en forme de figurine, ce vieux grotesque nu, probablement pris de boisson, endormi, les genoux dans sa longue barbe, ses doigts crochus maintenant l'outre qui lui sert d'oreiller, comme des doigts d'avare serrent éperdument le sac contenant le trésor qui hante son sommeil. La tête du dormeur a un caractère saisissant de vérité et de vie : front chauve et ridé, nez d'aigle, pommettes saillantes. On introduisait l'huile par le col de l'outre qui avait un couvercle à charnière. Cette figurine de tout premier ordre fut trouvée en Grande-Grèce, et en 1881, à la vente Joly de Bammeville, échut à M. Auguste Dutuit.

Voici, guère plus haut de 10 centimètres, un des chefs-d'œuvre de l'école alexandrine du iiie siècle, contemporain de la floraison de la poésie pastorale : vêtu d'une tunique courte et d'une peau de bête, jambes et bras nus, les pieds chaussés d'endromides, c'est un pâtre grec, debout, tenant à sa main gauche l'arrière-train d'un chevreau; sa tête, aux joues glabres, d'une physionomie étrange, une vraie tête de paysan, se tourne de côté, légèrement renversée en arrière, la bouche ouverte, comme pour crier; les yeux sont incrustés d'argent. Cette figurine fut la plus admirée de la collection His de la Salle : M. Dutuit l'acheta en 1899, à la vente Hoffmann.

Signalons encore une balance romaine, très complète, avec son peson à buste de bacchante, ses crochets de suspension et toutes ses chaînettes, au nombre de cinq. La patine en est tout à fait remarquable, d'un beau vert bleu de turquoise mourante.

Parmi les bronzes étrusques, citons la grande ciste latine de Palestrina; le miroir à relief, le plus beau qui existe, un admirable miroir représentant le berger Pâris recevant la visite de Vénus, de Minerve et d'Apollon : ce miroir unique fut exposé en 1874, par son propriétaire, le marquis Strozzi, au Musée étrusque de Florence; il fut acheté, par M. Dutuit, à la vente Castellani, en 1884. Citons encore un autre beau miroir avec son manche et un amusant petit groupe archaïque, figurant un guerrier étrusque debout près d'une femme voilée.

Quelques bronzes égyptiens, un Horus à tête d'épervier, un Imhotpou, jeune dieu que les Grecs assimilaient à leur Esculape, un Égyptien agenouillé dans la posture de l'offrande, le roi Thoutmosis III, casqué et paré de bracelets et d'armilles.

Notons une charmante pièce de verrerie, un verre à boire, en forme tête de négrillon, signé du nom de Τρύφωνος, une de ces œuvres si fragiles qu'on s'étonne qu'elles nous soient parvenues aussi intactes.

Dans la verrerie encore, une très belle pâte de verre bleu clair, représentant le masque de Méduse : cet ouvrage du iiiᵉ siècle alexandrin passa de la collection du prince Borghèse dans celle de M. Dutuit; plus loin, dans une autre vitrine, un carreau en verre blanc opaque doublé de bleu translucide : c'est un jeune Satyre qui, assis sur un rocher, tend une grappe de raisin à un Bacchus enfant.

Trois ivoires remarquables : une applique de coffret égyptien, représentant une femme, vêtue d'une robe longue et coiffée du klaft et du pschent; des joueuses d'osselets étrusques, et enfin un acteur romain, de toute beauté, une belle figure masquée, patinée de vert et de bleu.

Cette nageuse égyptienne en bois sculpté, c'est une cuiller de toilette, dont la coque avait la forme d'une oie préparée pour l'offrande.

Quelques très intéressants basaltes et granits égyptiens ou ptolémaïques : un jeune homme agenouillé, vêtu de la « shenti », coiffé du serre-tête; un crocodile en granit gris; un général, commandant en chef des armées de Pharaon.

L'orfèvrerie et l'argenterie sont également bien représentées : ce sont des boucles d'oreilles étrusques, aux cabochons de grenats; une patère phénicienne en argent, nous montrant Horus brandissant une masse d'armes; une oie égyptienne nageant, petit brûle-parfums, en or estampé, aux yeux incrustés de pierres fines, d'un rose vif; un collier grec en or et en grenats; des bagues mérovingiennes en or massif; des bracelets gaulois; une ravissante petite figurine romaine, en argent, représentant Junon assise, et enfin les deux plus belles pièces qui soient et qui méritent qu'on s'y attarde : la patère d'argent du mont Esquilin et le vase d'argent de Cullera.

La patère? Le fond du vase figure l'intérieur d'une grande coquille. Au centre, Vénus est assise, presque nue, son manteau à bordure brodée ne couvrant que la jambe droite; le manche représente Adonis complètement nu, appuyé sur un

TANAGRAS — FIGURINE EN IVOIRE

(Cliché Lansiaux)

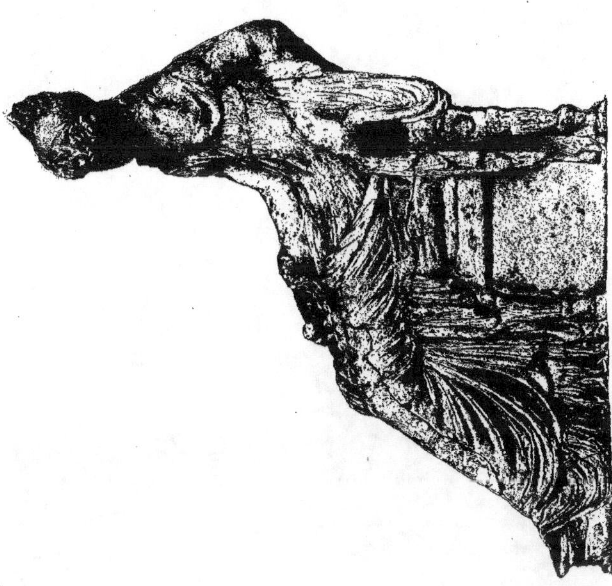

Imp. Ch. Wittmann

javelot. Cette patère a une histoire : elle fut trouvée à Rome,
en 1793, sur le mont Esquilin, en même temps que le fameux
coffret de mariage d'une chrétienne du v⁰ siècle, Projecta,
femme de Secundus. Le premier acquéreur du trésor fut le
baron de Shellersheim ; vendu depuis au duc de Blacas,
le coffret devint l'un des joyaux du Musée britannique ; restait la
patère qui, des mains de M. Gosselin, passa, en 1864, dans
celles des frères Dutuit.

Le vase d'argent de Cullera est une patère profonde, munie
d'un manche plat. Les amours de Jupiter y sont représentées
en relief :

1.° Léda debout, avec le cygne ;

2.° Jupiter, assis sur un rocher, tient Sémelé entre ses bras ;

3.° Jupiter, transformé en Diane et suivi d'un Amour, séduit
Callisto ;

4.° Ganymède ravi par l'aigle. Un Amour, l'arc à la main,
prend la fuite.

Les quatre groupes sont séparés par trois chênes.

Sur le manche, dont les attaches se terminent en cols de
cygne, on voit Jupiter debout, devant un autel allumé, tenant
la foudre et le sceptre.

Cette magnifique pièce d'orfèvrerie fut trouvée en Espagne
vers 1861, près de Valence, au phare de Cullera. Des collections Cerda et Charvet, elle échut aux amateurs millionnaires
rouennais.

La collection des antiquités si complète, comme nous l'avons
déjà pu voir, contient en outre, au dire de M. Feuardent, une
des plus belles collections de rhytons qui soit, de ces vases
étranges du iv⁰ siècle avant notre ère, d'une plastique parfois
admirable, à têtes de griffon, de chien, de panthère, de cheval,

de mulet, de bœuf, de bélier, de chamois, de chevreuil et même à tête humaine, à tête de jeune fille ou de négrillon.

Les trois plus beaux rhytons sont, sans contredit, celui à tête de femme, celui à tête de cheval, considéré par M. de Witte comme unique[1], enfin et surtout le rhyton soutenu par un groupe plastique qui représente un nègre dévoré par un crocodile; cette œuvre, d'une étonnante conservation, fut trouvée à Capoue, et, après avoir figuré dans la collection du comte Tyszkiewicz, fut payée par Auguste Dutuit 6,200 francs, à la vente Hoffmann.

Les vases italo-grecs offrent également un grand intérêt : tout d'abord deux amphorisques à anses plates qui, ayant leur signature, ont leur valeur triplée; ce sont les amphorisques de Nicosthènes; chaque vase porte en effet ces mots : Νικοσθενες εποιεσεν « Nicosthènes a fait ». Les deux amphorisques représentent des danses de Satyres et de Ménades.

N'oublions pas non plus l'œnochoé à embouchure tréflée, un petit vase de toute beauté qui fut trouvé à Nola et acheté par M. Dutuit, à la vente du prince Napoléon : c'est Artémis, debout, tenant l'arc et la flèche de la main gauche, le carquois suspendu aux épaules, caressant la biche qui se tient devant elle. De l'avis de M. Froehner, cette pièce est non seulement très belle, mais encore très rare.

Citons *La toilette des Charites, Orphée,* au moment où les femmes de la Thrace vont le mettre à mort; une amphore tyrrhénienne, représentant le char d'Apollon, dont les chevaux sont conduits par Hermès, le caducée sur l'épaule; la charmante hydrie d'*Hermès et Maïa :* des figures noires rehaussées de violet,

[1] Catalogue Dutuit (Exposition 1867).

sur fond blanc; le jeune dieu imberbe se tient devant sa mère;
près d'Hermès est un bélier, près de Maïa, un bouc et plus
loin un lion rugissant; c'est l'*Enlèvement d'Amymone, Dionysos
au milieu de son thiase,* dont « l'élégance et la noblesse font une
des plus admirables peintures céramiques qui se puissent
voir [1] », des vases à fond blanc, des « leucocythes » de Locres
et d'Athènes.

Quelques mots sur les Tanagras, et nous en aurons fini avec
les antiques. Ces délicates figures, pâles ou roses, ne sont,
d'ailleurs, pas le moindre charme de la collection; toutes du
IIIe siècle avant notre ère, elles se trouvent conserver une fraîcheur inouïe, une grâce de contours qui étonne; la plus belle
de beaucoup est, sans contredit, la *Femme assise,* placée au
milieu des autres terres cuites; languissante, plutôt couchée
qu'étendue sur un fauteuil élevé, la tête doucement penchée
sur la poitrine, l'attitude étrangement amollie, la jeune Hellène
rêve, et de ses longs voiles bleutés, de ses tresses prêtes à se
dérouler, de sa taille flexible et fragile comme la tige d'un lis,
se dégage un charme troublant : le charme de la Femme, il y
a plus de deux mille ans...

Quand nous aurons cité l'Aphrodite de Myrhina, l'Aphrodite
accoudée à une statuette de Némésis et payée 2,110 francs à la
vente Hoffmann, l'Aphrodite Coré, l'Hébé et la petite Néritès,
à cheval sur un dauphin et portant une pomme dans la main
droite, notre étude sur les plus belles œuvres antiques de la
collection Dutuit sera à peu près complète; il ne nous restera
qu'à parler des très belles monnaies grecques, romaines, mé-
diques et gauloises.

[1] Catalogue Lenormand.

II. TABLEAUX ET DESSINS.

Les Dutuit, ces amateurs sérieux, graves même, patients, ne pouvaient qu'avoir le goût des solides écoles de peinture flamandes et hollandaises; de Français, presque pas; d'Italiens, une seule esquisse de Tiepolo, et cela étonne, car les frères Dutuit, Auguste principalement, eurent la passion de l'Italie : majoliques, bijoux, gemmes, verres de Venise, reliures à mosaïques.

Les toiles des maîtres hollandais et flamands que nous avons là sont toutes de premier ordre, d'une qualité parfaite et d'une étonnante conservation; la « salle flamande », au Palais des Beaux-Arts, est tout aussi intéressante que n'importe quelle salle des musées d'Anvers ou d'Amsterdam.

L'œuvre la plus belle est, sans conteste, *Les Moulins,* de Meindert Hobbéma, tant par l'importance de la toile, que par le brio de l'exécution et la fraîcheur des tons : *Les Moulins* de la collection Dutuit peuvent rivaliser avec les plus somptueux Hobbéma connus, même avec l'*Allée de peupliers* de la National Gallery. « A droite du tableau, coule une rivière dans laquelle se reflètent deux moulins entourés d'une puissante végétation et peints en pleine lumière, tandis qu'au premier plan, par un beau contraste, un épais rideau de chênes se détache en vigueur sur le ciel étincelant et se courbe sous un vent violent. Au-dessus et au delà, sur les nuages, sur les fabriques, sur les plaines fuyantes, dans les lointains, le soleil répand l'éclat et l'harmonie de ses rayons[1]. »

[1] Catalogue de la vente du duc de Morny, 1865.

LES MOULINS, DE HOBBEMA

(Cliché Lansiaux)

Imp. Ch. Wittmann.

Ce chef-d'œuvre du grand paysagiste hollandais appartint successivement à M. van den Meershe (1791); à M. van Saceghem, de Gand (1851); à M. Théodore Patureau, à la vente duquel, le 20 avril 1857, il fut adjugé, pour la jolie somme de 95,000 francs, au banquier Schultse, de Berlin; celui-ci le revendit à son tour au duc de Morny; enfin, le 13 mai 1865, à la vente du ministre, Eugène Dutuit achetait *Les Moulins,* pour le prix de 81,000 francs. Le tableau est à l'heure actuelle estimé 150,000 francs, par M. Sedelmeyer.

Une toile superbe, la *Partie de plaisirs,* de Jean Weenix, représente une fête galante dans les ruines : des cavaliers, des dames collationnent parmi les vieilles pierres; des musiciens, un âne chargé de gibier, un cuisinier portant un plat et regardant quelques-uns des convives qui fument; enfin, au-dessous de ce groupe, une jeune femme, renversée sur les genoux d'un cavalier, regarde en riant un verre de vin que celui-ci s'apprête à boire tandis qu'une vieille femme paraît faire une confidence au jeune homme. A droite de la toile, dans les lointains, un fond délicat qui fait l'admiration des connaisseurs et contraste singulièrement avec la quasi-brutalité de certaines physionomies du premier plan. Ce tableau provient de la Galerie d'Orléans. Il fut gravé par de Launay, qui dédia son œuvre au comte de Merle; Eugène Dutuit en fit l'acquisition à Londres, en 1846, à la vente Duval, de Genève. Dans la même salle, un tableau d'un des peintres flamands les meilleurs et les plus rares qui soient, Gonzalès Coques, dont l'Angleterre a accaparé la majorité des œuvres, et dont le Prado, la Pinacothèque, les Offices, Amsterdam, Lille, ne possèdent rien; Coques qui fit pourtant, selon l'heureux mot de Bürger, « des van Dyck vus par le bout de la lorgnette ». Cette peinture est sur cuivre; à la

vente du comte de Schonborn, en 1857, M. Eugène Dutuit
l'acheta pour la somme de 40,500 francs, ce qui, pour l'époque,
était déjà un prix élevé. Sept convives sont devant une table,
chargée de plats, garnie d'huîtres, de pâtés, de volailles ; entrent
deux amis qu'ils acclament, le premier, en costume de folie,
rayé de rouge et de blanc, avec des grelots à toutes les pointes
des découpures : on dit que c'est Gérard Orthorst ; le deuxième,
derrière lui, en chapeau noir à larges bords, est assurément
Gonzalès lui-même. Les sept convives aussi sont des artistes.
On y reconnaît Brauwer, Ostade, Ryckaert, van Thulden. Au
lambris du fond est accroché un tableau de l'histoire romaine :
le *Meurtre de César*. A gauche en avant, un coffret de liqueurs
et le gentil épagneul qu'affectionnait Gonzalès Coques... Sur
le barreau d'une des chaises, l'œuvre est signée : *Konsael*.

Non loin de là, un des plus beaux Terburg qu'on puisse
rêver, un intérieur hollandais : un cavalier et deux dames ; la
scène a un air d'intimité qui présage Chardin ; la facture est
mieux que correcte, elle a presque de la fougue dans son hon-
nêteté, et c'est en effet avec un brio sans pareil que l'artiste a
exécuté cette robe blanche que porte la jeune femme blonde ;
cette étoffe a bien tout le moelleux, tout le chatoiement du
satin ; nul n'a jamais atteint à cette perfection. M. Sedelmeyer
estime cette *Présentation* 100,000 francs au minimum.

Une autre œuvre de grande importance, d'Adrien van de
Velde, *Mercure et Argus*. Au son de sa flûte, Mercure a endormi
Argus, auquel Junon a confié la Nymphe qui est métamor-
phosée en génisse ; un chêne de hautes proportions étend sur
eux ses branches feuillues ; des bestiaux, peints avec la plus
grande perfection, paissent çà et là, ou se désaltèrent dans un
large ruisseau qui se jette dans un étang.

LA PRÉSENTATION, DE TERBURG

SCÈNE D'INTÉRIEUR

(Collection Dutuit)

Cette œuvre très remarquable, peut-être le plus bel ouvrage d'Adrien van de Velde, fit partie des collections de MM. Fouquet, d'Amsterdam; de Depreuil, gouverneur du Grand-Duché de Berg; du duc de Berry, de M. Higginson; et enfin, à la vente Schneider, en 1876, fut adjugée à M. Dutuit au prix de 30,500 francs.

Un autre paysage animé de van de Velde, mais d'une moins belle qualité et de moindres dimensions, acheté à la vente Patureau 25,000 frans par notre généreux donateur; *Le Buveur solitaire,* d'Adrien van Ostade, payé par Eugène Dutuit 2,008 francs à la vente Evrard Rhoné, en 1861; *L'Alchimiste,* du même artiste, une fine étude très poussée : habits noirs aux plis onctueux et tapis persan d'une étrange vérité.

Tout à fait hors de pair, *L'Auberge,* d'Isaac van Ostade. Tandis que, sur un perron d'hôtellerie, une bonne femme épluche des oignons, quelques joyeux compagnons devisent, non loin d'un cheval blanc à la croupe ensoleillée; ce tableau est plein de rayons, une chaleur intense se dégage de ce panneau auquel trois siècles évanouis n'ont pu arracher sa lumière. Nous n'avons pas en France un seul Isaac van Ostade comparable à celui-là.

Sur une mer convulsée, non pas une de ces mers classiques, sagement en courroux, telles que celles du Poussin et du Lorrain, mais la mer réellement furieuse, aux lames rapides et profondes des grandes marées d'équinoxe, une embarcation à voile, portant plusieurs personnes, se dirige vers un vaisseau qu'on aperçoit dans le lointain; à gauche, sur le rivage, des cabanes de pêcheurs; plus loin, une barque, et, au dernier plan, le clocher d'un village. C'est une des plus saisissantes marines d'Albert van Everdingen, une œuvre qui annonce déjà, par son naturalisme, le grand essor de 1860, *La Vague,* de

Courbet, inondant de son écume la sèche peinture convention-
nelle. Cette *Tempête* d'Everdingen fut, à la vente de M. Piérard,
de Valenciennes, le 20 mars 1860, achetée par Eugène Dutuit,
3,700 francs.

Un intérieur, de Metzu : une robuste fille de Hollande, aux
cheveux tirés, en guimpe légère et en robe grise, une bourgeoise
sans grâce, aux mains lourdes et fortes, que pourtant poétise
singulièrement le charme de la musique, le charme du clavecin
sur les touches duquel ses doigts se posent; on est étonné de voir
cette figure très vulgaire empreinte d'une sérénité, d'une
douceur, d'une noblesse secrète : celle des gammes qui illu-
sionnent; les yeux baissés de la jeune fille sont d'un recueillement infini. Ce tableau fut gravé à la vente de Jullienne (1767),
par M^Be Boizot; M. Boileau, son acquéreur, le céda au duc de
Choiseul, à la vente duquel, en 1775, il fut gravé par Leroy;
des mains du prince de Conti et de M. Donjeux, il devint, en
1857, à la vente Théodore Patureau, la propriété d'Eugène
Dutuit, pour la somme de 2,950 francs.

Parmi les peintres d'intimité, n'oublions pas l'exquise *Tabagie,*
de David Téniers, toute une palette de gris olive et de gris bleu,
d'une qualité exquise. Jamais peut-être Téniers n'atteignit à un
tel « soigné », à une telle perfection de détails; il est juste de
dire que l'œuvre nous a été transmise dans un admirable état
de conservation.

Quatre autres Téniers encore, de qualité inférieure, une autre
Tabagie et des scènes de campagne.

Un Brauwer, un intérieur de cabaret, avec des figures, comme
toujours, caricaturales, et un éclairage falot.

La petite mendiante aveugle, de Jean Steen, une des œuvres
maîtresses du peintre hollandais, telle que *L'Orgie,* du Louvre,

LA CONVERSATION GALANTE, DE PATER

(Cliché Lansiaux)

LA CONVERSATION GALANTE, DE PATER

(Cliché Levrieux.)

Imp. Ch. Wittmann

ne lui est pas comparable; des couleurs d'une fraîcheur étrange, presque trop brutales, et cependant on ne découvre aucun repeint » : dans une foule joviale, une petite fille aveugle se promène, quêtant dans une sébille d'étain.

Une traînée de lumière dans un clair obscur, et c'est Rembrandt : Rembrandt en pied avec son chien; l'œuvre est signée en toutes lettres : *Rembrant*[1], *1631*, et cependant ce portrait n'est pas un de ceux qui lui font le plus d'honneur : la tunique cuivrée est assurément d'une très belle couleur, d'une couleur bien « rembranesque », mais l'ensemble témoigne d'un bizarre manque de proportions; c'est ce qui fait que l'authenticité même de l'œuvre a été contestée par de grandes autorités. Ce panneau fut acheté par Eugène Dutuit, en 1840, à la vente Schamp, de Gand.

Non loin de là, un *Coucher de soleil,* de van der Neer, une œuvre d'une sincérité, d'un naturalisme qui étonnent, à côté des toiles classiques et ornées de Ruysdaël, de son château aux hautes tours, dominant des torrents impétueux; ici, van der Neer présage étrangement l'École de Fontainebleau : Rousseau, Chintreuil et Daubigny; pas d'enjolivements, rien que l'humide nature des Pays-Bas, une mare que rougit un soleil moribond, des arbres dépouillés, des vaches et des bœufs rentrant des pâturages, quelques formes de fermiers gras qui déjà deviennent des ombres; le tout rendu avec le moins de couleurs possible : sépias, terres et laques brûlées.

Comme nous l'avons dit précédemment, l'École française tient bien peu de place dans la collection de peinture des frères Dutuit.

[1] Pendant trois ans de sa vie, Rembrandt signa de la sorte, sans *d.*

Un des plus gracieux Pater qui soit, *La Conversation galante*, d'une exquise couleur ambrée, qui longtemps fit attribuer cette œuvre à Nicolas Lancret.

Deux Joseph Vernet, des laveuses en jupons rouges, dans du soleil; et surtout une toile de grandes dimensions, un paysage romanesque, avec des rochers, une élégante chute d'eau, des personnages de bergerie.

Un petit crépuscule du Lorrain; un *Singe numismate*, attribué à Chardin; un petit Boucher qui semble avoir été repeint; un Oudry assez bon; une fraîche nature morte, de Desportes; trois Hubert Robert, dont un est une merveille de moderne facture... et c'est tout.

Ou plutôt, nous avons à dessein oublié une œuvre fort belle, quoiqu'on ait toujours paru la tenir dans un certain dédain : c'est le *Massacre des Innocents,* de Nicolas Poussin. Sur cette œuvre très importante, d'autant plus qu'elle représente à elle seule, ici, la grande peinture française, sur cette œuvre on ne sait pourquoi méprisée, voici ce que nous retrouvons dans le catalogue de la vente Collot :

« Ce tableau est un des meilleurs de Poussin; il est du même faire, de la même époque que celui de *La Manne dans le Désert,* qui orne le Musée du Louvre. La couleur y est d'un éclat, d'une transparence qu'on trouve rarement chez le maître. Mais la qualité qui y domine, c'est l'expression. Elle est partout frappante, jusque dans la figure de cet enfant écrasé sous les pieds du bourreau. On croit entendre ses cris [1]. »

Ce tableau fit partie de la célèbre galerie du prince Alfieri. Il est cité dans le *Voyage,* de Lalande, et dans d'autres ouvrages.

[1] Catalogue de la vente Collot (28 mars 1855).

L'ALLÉE OMBREUSE, DE FRAGONARD

SÉPIA

Gazette des Beaux-Arts

Imp. L. Lorcabeuf, Paris

Il a été gravé par Volpato. M. Dutuit l'acheta 10,000 francs, le
28 mars 1855, à la vente Collot.

Il nous reste à parler des quelques beaux dessins de la collection.

Puisque nous sommes chez les Français, mentionnons deux
très jolies sépias de Fragonard, deux paysages, *L'Allée ombreuse*
et *Le Parc*. Ces œuvres ont un charme de plein air qu'on ne
trouve pas souvent à cette époque. Un beau portrait de Schmitt,
un Lépicié, une superbe feuille aux trois crayons, de Watteau,
neuf charmantes têtes de femme qui peuvent rivaliser avec celles
du Louvre; une sépia de Greuze, pour *L'Accordée de village*, un
paysage du Lorrain. En face, seuls représentants, avec l'esquisse
de Tiepolo, de l'école italienne, un dessin large et puissant de
Paul Véronèse et des canaux vénitiens de Guardi. De même
que pour la peinture, les Hollandais et les Flamands sont plus
riches. C'est un lion de Rembrandt; une *Saskia malade,* des
Disciples d'Emmaüs, du même grand artiste; trois très beaux
portraits par van Dyck; deux gouaches d'Adrien van Ostade,
dont l'une figurait déjà au XVIIIe siècle à la vente Poullain; des
marines de Backhuysen et de van de Velde; une très curieuse
Pompe à feu, de van den Heyden, qui (détail bizarre) en fut un
des inventeurs; une vieille au visage bonasse, du graveur Cornélius Visscher; une *Femme au miroir,* de Miéris, à la facture
molle et efféminée; deux beaux paysages de Meindert Hobbema; un arbre aux rameaux magnifiques de Ruysdaël.

On le voit, le collection des dessins flamands et hollandais
est bien digne d'accompagner les peintures des mêmes écoles,
et c'est pour cela même qu'on a tenu à leur réserver deux panneaux où ils mettent, sur l'étoffe terne, la douceur de leurs
blancs jaunis par les années.

III. FAÏENCES, CÉRAMIQUES.

Avant tout, les trois pièces maîtresses de la collection de céramiques qui compte tant de merveilles : le chandelier et les biberons de Henri II, de cette rarissime faïence de Saint-Porchaire.

La partie principale du fût du chandelier a pour décor trois figures d'enfant en ronde bosse, dont l'une porte l'écusson de France, au chiffre de Henri II. Chaque enfant est debout sur une plinthe surmontée par un grand masque d'Ammon à cornes de bélier, et le tout forme un triangle placé sur une base circulaire. Le sommet figure un vase soutenu par un balustre enjolivé de masques grotesques et de guirlandes vertes en relief. Des pétoncles en pastillage complètent l'ornementation. Le décor du fût est de couleur jaune, celui de la base d'une couleur brune plus foncée. Les alérions de Montmorency-Laval sont peints dans le haut et sur la plinthe de la base.

C'est en 1884, à la vente Andrew Fountain, en Angleterre, que l'expert M. Clément acheta ce chandelier pour la somme de 91,000 francs (sans les frais).

Les deux autres biberons-aiguières sont à peu près identiques, sauf que, sur le côté de l'un s'étale le chiffre du connétable Anne de Montmorency et de sa femme, Madeleine de Savoie, un A gothique enclavé dans un M, chiffre d'ailleurs plusieurs fois répété.

De la même époque, une vingtaine de Palissy, dignes de rivaliser avec ceux de Cluny : des anges qui sont des appliques; de grands plats où se trémoussent, pleines de vie, des anguilles et des brêmes; un très gracieux petit trépied aux tons lie-de-vin;

des plats à personnages, ce qui est si rare, enfin (petites choses
où se joue l'admirable fantaisie de l'artiste) dans des baignoires
bleutées, de grandes dames dont la nudité savante fait songer
à celle de Diane de Poitiers, dans la *Diane* de Jean Goujon.
Jamais Palissy n'a été aussi jeune ni aussi étrange d'inspiration…

Près de ce dessous de plat de Rouen *à l'ocre,* ce grand plateau
polychrome, de Rouen également, c'est le plateau de Saint-
Simon, du mémorialiste lui-même; enguirlandées de corbeilles
jaunes, rouges et bleues, surmontées de la couronne ducale, ses
armes se détachent sur le blanc gras et légèrement bleui de la
faïence.

Nous parlerons plus loin des potiches chinoises et japonaises.
Cette vitrine où des reflets d'or et de pourpre circulent parmi
les vieux damas cerise, c'est la vitrine des majoliques, une
admirable exposition de *Faenza,* d'*Urbino,* de *Gubbio,* de *Pesaro,*
de *Deruta.*

De Pesaro, un grand plat rond à reflets métalliques rouges et
mordorés, rehaussés de bleu sur fond blanc; un sphinx à buste
de femme est assis à gauche, soutenant l'écusson armorié de la
famille Orsini, de Rome. Le marli est décoré d'un quadruple
rang d'imbrications. Cette pièce fut achetée en 1878, à la vente
Castellani.

Une assiette creuse de Castel Durante : parmi des ornements
chimériques, rehaussés de blanc sur fond bleu, se détache le
buste de Jules César; deux cartouches portent les S P Q R et
la date 1522. Cette assiette, d'une très harmonieuse coloration,
faisait partie de la collection Spitzer.

Urbino et Gubbio sont bien représentés, comme toujours.

D'Urbino, citons une aiguière au goulot en mascaron, dont
les flancs représentent trois femmes et un fleuve mythologique,

dans un aride paysage; une autre aiguière qui nous montre Vénus, presque nue, guidée par l'amour et se dirigeant vers Adonis assis; une charmante gourde de chasse à panse aplatie; Diane et ses Nymphes au bain; un plat grotesque de la plus belle époque, c'est-à-dire du temps des Fontana; une aiguière à piédouche, sur le fond crémeux de laquelle se convulsent des grotesques ailés.

Nous arrivons aux Gubbio, et avec eux aux pièces les plus belles et les plus rares, à des majoliques aux reflets intenses, dont certaines (d'un prix inestimable) portent la signature du plus grand des maîtres majolistes : Mastro Giorgio; ce Giorgio Andreoli, gentilhomme de Pavie, qui vint se fixer à Gubbio et qui, après avoir exercé le métier de sculpteur-céramiste, inventa une couleur nouvelle, le rouge rubis, et une glaçure nouvelle, à reflets métalliques, infiniment supérieure à celle des Arabes. Cette glaçure demeura d'ailleurs le secret de la famille Andréoli.

Cette ronde d'amours aux délicieux reflets bleuâtres, cette *Cueillette de fruits* fit partie de la collection Spitzer; elle est dessinée et peinte entièrement de la main de Giorgio Andreoli avec ses ornements mordorés habituels, et porte la date de 1519; c'est donc une des plus anciennes œuvres connues du maître.

La perle de la collection de majoliques, le *Jugement de Pâris:* de grandes et chaudes harmonies cuivrées dans un paysage de rêve; assis sur un rocher, le berger Pâris est vêtu d'une simple tunique rouge; les trois déesses sont nues ou presque, les pieds chaussés de sandales; derrière elles, afin de faire mieux ressortir la pâleur de leurs corps, un large rocher ombreux.

Cette merveille est signée en toutes lettres, en bleu : *M. Giorgio 1520 a dj 2 de octobre. B.D.S.R. in gubio.* Elle est décrite par Gelonini, par Delange, par Jacquemart.

CHANDELIER HENRI II

FAÏENCE DE SAINT-PORCHAIRE

(Cliché Lansiaux)

Imp. Ch. Wittmann

. De Mastro Giorgio également, l'Amour désignant sur le marli, à droite, Léda assise et le cygne; le Jeune Berger jouant de la flûte pastorale, avec la date 1531; une coupe de piédouche qui, de dimensions moins grandes que le *Jugement de Pâris*, n'en a pas moins une valeur d'art considérable, un charme indicible : sur un fond bleu, parsemé d'étoiles à reflets nacrés, un buste de jeune femme aux cheveux blonds, avec, sur l'épaule gauche découverte, une draperie jaune à reflets irisés. Cette figure est la reproduction d'une des Muses du Parnasse, de Raphaël, transformée en Lucrèce poignardée. Par derrière, une banderole doublée de rouge, porte l'inscription : Lucretia. M.(*oriens*), que traverse une épée à poignée noire et à chaton rouge, et dont la lame blanche est couverte de dessins mordorés. Au revers, la date 1537. Cette pièce, d'une délicatesse infinie, était un des joyaux de la collection Spitzer.

De Mastro Giorgio encore, avec toujours des reflets de sang, *La Peste de Florence :* une femme nue, accroupie sur le sol, les jambes couvertes d'une riche draperie, sur laquelle est couché un enfant mort : ce groupe est de Baccio Bandinelli; un plat à écusson armorié, une licorne parmi des reflets rouges rubis et mordorés (collection Castellani); *Les Filles de Niobé;* une tasse d'accouchée, avec, sur fond bleu, un buste de jeune femme, coiffée d'un casque ailé et portant le costume du xvie siècle.

De Gubbio simplement, *Tarquin et Lucrèce, Joseph et la femme de Putiphar,* d'après Raphaël; une assiette creuse à écusson héraldique; une tour d'argent maçonnée d'or, et traversée d'une bande de gueules.

De la Citta di Castello, une gourde de chasse, en terre vernissée, dont chaque face est ornée d'un gros mascaron en relief, tirant la langue.

12.

Une des plus belles pièces de Deruta irisé qu'on puisse imaginer : des irisations bleuies, mauves, nacrées; au centre d'un
grand plat sphérique, une tête casquée d'homme barbu, le nu
de la poitrine en partie recouvert d'une draperie; l'ensemble
est d'un éclat inouï, d'une richesse et d'un goût exquis.

Nous n'avons malheureusement que les deux tiers de la
collection de majoliques, si complète; le reste est demeuré à
Rome, dans la villa de la via del Babuino, chez Mme Dutuit.

Nous devons, avant de parler des faïences orientales, dire
quelques mots des bas-reliefs en céramique de Lucca della
Robbia : le généreux donateur nous en a légué trois. Le plus
important est celui qui représente la Vierge entourée d'un
nimbe à fond d'or; elle est à droite, à genoux, devant l'Enfant
Jésus couché sur l'herbe. Derrière, une vision du Christ et de
saint Jean-Baptiste; tous deux ont sur la tête le nimbe à fond
d'or. Dans le haut, deux anges; au-dessus, le Saint-Esprit. Les
personnages sont émaillés blanc sur fond bleu. Ce bas-relief
cintré est entouré d'un cadre de forme antique au bas duquel
on lit : *Ave Maria, Gratia Plena*. M. Dutuit acquit cette vraie
pièce de musée à la vente de la collection Toscanelli.

Un grand bassin rond et profond : c'est une faïence siculo-
arabe de toute beauté, qui, après avoir figuré dans la collection
Castellani, fut exposée en 1878, au Trocadéro; le décor a des
reflets métalliques, mordorés, avec des rehauts bleus sur blanc;
deux femmes se tiennent debout symétriquement, devant un
fétiche; leurs draperies sont brodées d'arabesques; le reste du
plat, tant à l'extérieur qu'à l'intérieur, est couvert de dessins
géométriques (bleus et jaunes à reflets).

Deux faïences persanes intéressantes : un vase piriforme à col
étroit avec, pour décors, des compartiments en losange, chargés

de fleurs; les reflets sont cuivrés; une grande bouteille à col
élancé : sur un fond vert écaillé, se détachent des palmes blan-
ches inclinées, à cœur rouge, entre des écailles rouges; le nœud
du col est blanc, orné d'un rinceau bleu; la bordure présente
des denticules blancs sur fond bleu.

La céramique d'Extrême-Orient est dignement représentée
par la grande aiguière (famille rose) en forme de casque, la
fontaine (famille verte), les deux Gourdes, les Fhô blancs de
Chine, la garniture rose à jours, la série d'assiettes fines parmi
lesquelles l'assiette à la Fauvette et celle à sujet familier avec
bordure d'or.

Quelques porcelaines de Saxe, de Vincennes ou de Sèvres,
un petit service à thé au chiffre de la Dubarry, et c'est tout, et
cela suffit : le public a ici une merveilleuse école de céramique,
pour admirer et pour s'instruire. De magnifiques échantillons
de toutes les grandes catégories se trouvent en effet réunis
dans cette collection.

IV. ESTAMPES.

La collection des estampes est une des plus complètes qu'on
puisse rencontrer : tous les grands noms s'y trouvent, et avec
une suite de gravures imposantes, près de 12,000.

Aldegraver, Drevet, Audran, Berghem, Beham, van Dyck,
Lucas de Leyde, Nanteuil, Adrien van Ostade, Marc-Antoine
Raimondi, Martin Schongaeur, Callot, Albert Dürer, Rembrandt.

Les estampes vraiment dignes de servir d'enseignement
aux artistes, seront toutes exposées, les unes après les autres,
par séries, tous les deux mois : et c'est ainsi qu'après les
400 eaux-fortes originales de Rembrandt, on a pu admirer

jusqu'en avril les bois et les cuivres d'Albert Dürer, pour ensuite voir défiler successivement sous nos yeux Nanteuil, Martin Schongaeur, Callot, Drevet, Berghem, etc.

Nous ne nous attarderons qu'à Rembrandt; il nous faut pourtant citer, parmi les Albert Dürer, les magnifiques épreuves de la *Nativité,* de Saint Hubert en adoration devant la croix que porte le cerf, la *Sainte Famille, Saint Jérôme dans sa cellule,* l'*Ecce-Homo,* le portrait de Maximilien, le *Cheval de la Mort,* la *Mélancolie,* le portrait de Varnbuler, qui est une très rare épreuve, gravée sur bois et imprimée en camaïeu; — de Berghem, la *Vache qui s'abreuve,* une épreuve d'eau-forte pure, presque unique, avant les pénibles travaux du graveur sur le monument en ruines et sur le ciel; les *Trois vaches au repos,* l'homme monté sur un âne, la pièce dite *Le Diamant, Le Joueur de Cornemuse,* trois épreuves également presque uniques, des têtes de boucs et sujets d'animaux; — de Cornélius Visscher, les *Musiciens ambulants,* le *Vendeur de mort aux rats,* et toute une très belle suite de portraits; — de Martin Schongaeur, l'*Annonciation,* le *Portement de Croix, Saint Jacques le Majeur,* la Vierge sur un trône près de Dieu, Jésus-Christ en jardinier apparaissant à Madeleine, et surtout *Jésus à la croix,* une épreuve probablement unique, avant que le feuillage de l'arbre, s'étendant sur le bras de la Vierge, à la gauche de l'estampe, ait été effacé; — de Ruysdaël, le *Petit Pont,* les *Voyageurs,* le *Champ de blé,* le *Bouquet des trois chèvres;* — du grand maître de la gravure au burin, de Marc-Antoine Raimondi, le *Massacre des Innocents,* épreuve de la plus grande rareté, avant l'inscription et le monogramme du maître à gauche, dite ainsi avant la lettre; le *Martyre de saint Laurent,* d'après Baccio Bandinelli, première et très rare épreuve avec les deux fourches; *Sainte Cécile,* d'après Raphaël; *La Poésie*, premier et très rare état avant l'inscription sur la tablette que tient un enfant à droite; *Les Grimpeurs*, d'après Michel-Ange, le paysage étant gravé d'après Lucas de Leyde; le Christ mort entouré des saintes Femmes, d'après Albert Dürer, et qui est une pièce rarissime; — d'Adrien van Ostade, toute une suite d'eaux-fortes très curieuses, aux sujets grotesques, comme dans ses tableaux : la *Tendresse champêtre*, la *Poupée demandée*, les *Harangueurs*, la *Chanteuse*, et la plus rare de toutes, la *Danse au cabaret;* — d'admirables portraits de Nanteuil : Pomponne, Christine de Suède, Colbert, Fouquet, La Meilleraye, Turenne, Mazarin, Louis XIV, et Monsieur, son frère.

De l'émule de Nanteuil, de Pierre Drevet, des portraits, d'après Rigaud, du cardinal de Fleury, de Louis XIV, en manteau royal, du maréchal de Villars. — Avec Aldegraver, ce sont les suites de l'*Histoire de Suzanne*, des *Travaux d'Hercule*, des grands *Danseurs de noce*, un grand nombre de très rares épreuves de Bolswert, le *Serpent d'airain*, d'après Rubens, le *Mariage de la Vierge*, l'*Assomption de la Vierge*, d'après le même artiste, enfin une série de gravures d'après van Dyck, parmi lesquelles le *Christ à l'éponge*, une première et très rare épreuve avant beaucoup de travaux, notamment avant la couronne sur la tête du Christ, avec la main sur l'épaule de la Sainte Vierge; cette gravure est avant la lettre, et l'on ne connaît que trois épreuves de cet état.

Parmi les plus belles pièces de Jacques Callot, citons la *Sainte Famille*, la *Tentation de saint Antoine*, le portrait de Claude Bernard, le *Jeu de boules*, la *Grande Foire de Florence*, les *Supplices*, et enfin une estampe de la dernière rareté, la *Pièce de dédicace à Cosme de Médicis*.

N'oublions pas les portraits de Philippe de Champaigne, de Colbert, d'Israel Silvestre, par Edelinck; les eaux-fortes si justement renommées de Claude Le Lorrain : la *Danse au bord de l'eau,* le *Naufrage,* le *Bouvier,* le *Coucher du soleil,* l'*Enlèvement d'Europe,* le *Campo Vaccino;* mentionnons également le vieux maître de l'eau-forte, du burin et du bois, Lucas de Leyde, dont nous possédons des œuvres comme l'avant-lettre d'*Adam et Ève, Loth et ses filles,* la *Résurrection de Lazare,* le *Christ présenté au peuple,* le *Retour de l'Enfant prodigue.* Citons encore Mantegna et Pontius, et arrivons enfin au maître, au dieu de l'eau-forte, à Rembrandt.

Tout d'abord, coupons court à une légende à laquelle tout le monde croit aujourd'hui, à laquelle nous avons cru nous-même.

L'épreuve du premier état sur chine, avec toute la marge, de la pièce dite *aux cent florins* n'est pas, encore qu'on l'ait conté bien des fois, l'estampe qui fut payée le plus cher par Eugène Dutuit. Il résulte, en effet, d'une note d'un journal anglais que le hasard a jeté sous nos yeux que, tandis que la *pièce aux cent florins* fut payée, à la vente Palmer, par M. Dutuit 1,180 livres, c'est-à-dire 29,500 francs, l'*Avocat Tolling* ou *Petrus van Tol* fut acquis à la vente du docteur Griffiths, de Londres, au prix de 1,500 livres sterling, exactement 37,750 francs.

L'écart est même plus grand, si nous nous en rapportons au témoignage même d'Eugène Dutuit, qui, dans son *Amateur d'estampes* et dans son catalogue de 1867, prétend n'avoir payé la *pièce aux cent florins* que 27,500 francs.

Ce serait donc, si l'on jugeait les chefs-d'œuvre à la somme qu'on les paye, *Petrus van Tol* qu'on devrait considérer comme

la pièce maîtresse de la collection des 410 eaux-fortes originales de Rembrandt.

Il n'en est pas ainsi, car il est certain que les grandes compositions bibliques sont de beaucoup supérieures comme inspiration au portrait de ce petit avocat à lunettes.

La *pièce aux cent florins, Jésus guérissant les malades,* est bien
un de ces chefs-d'œuvre où l'art s'élève au-dessus des choses
humaines.

« *Jésus,* vu de face, est debout, presque au milieu de l'estampe, un peu vers la gauche, le coude appuyé sur un pan de
pierre et parlant au peuple. Sur le devant, au milieu, est une
femme malade, couchée par terre, implorant, avec d'autres
malades, le secours de Jésus-Christ. L'un d'eux est sur une
brouette; dans le fond à droite, on voit arriver une caravane
où l'on remarque un chameau. La scène se passe dans une
espèce de caverne où le jour vient du haut vers la droite[1]. » La
date présumée de cette œuvre est de 1649 à 1650. Plus que
la hauteur de la conception, ce qui étonne et charme dans la
pièce aux cent florins, c'est le recueillement, la pensée douce et
reposante que Rembrandt a voulu y mettre et y a mise. Tels
visages, comme celui du vieillard en turban, de la femme
agenouillée, de Jésus lui-même, sont des chefs-d'œuvre d'expression, de pure souffrance et de noble tendresse. Les deux
épreuves que nous possédons ne sont guère comparables.
L'une, pourtant fort belle déjà, est du deuxième état, sur papier ordinaire, avec une marge insignifiante; la gravure, en
elle-même, est pourtant d'un éclat incomparable, mais peut-
être les détails sont-ils déjà trop soignés, trop finis, trop

[1] Eugène Dutuit, *Manuel de l'amateur d'estampes;* tome II.

poussés, au détriment de l'ensemble si homogène dans les épreuves du premier état. Ces épreuves sont très rares; il n'y en a que neuf par le monde : une, qui n'est qu'une maculature, c'est-à-dire une épreuve prise sur une feuille de papier ordinaire passée sur la planche, pendant l'opération du tirage, se trouve au musée d'Amsterdam; les huit autres sont tirées sur papier de Chine : deux se trouvent au British Museum, une, très abîmée, au Cabinet des estampes de Paris (ces trois épreuves n'ont d'ailleurs qu'un filet de marge), la quatrième est au musée d'Amsterdam, la cinquième se trouve à Vienne, dans la Bibliothèque impériale, les sixième et septième épreuves sont l'ornement de collections particulières, l'une de la collection de Buccleugh, l'autre de la collection Holford; la huitième épreuve, la plus belle peut-être, à coup sûr celle qui a la plus grande marge, nous a été léguée par les frères Dutuit; c'est la seule qui ait une généalogie bien établie. Elle appartenait dans l'origine à l'ami de Rembrandt, à Jean Petersen Zoomer; elle passa ensuite dans le cabinet de Zanetti, célèbre graveur, à Venise; puis de là chez M. Denon, chez Woodburn, marchand anglais, chez MM. Wilson, Verstolk, Smith, Price, après le décès duquel elle fut acquise, en 1867, par M. Palmer, moyennant 29,500 francs; en mai 1868, à la vente Palmer, cette magnifique épreuve était payée par Eugène Dutuit 27,500 francs. Il y a donc eu confusion, pour le journaliste anglais, entre les 29,500 francs de M. Palmer et les 27,500 francs de M. Dutuit.

Parmi les pièces bibliques de l'Ancien et du Nouveau Testament, ne manquons pas de signaler *Joseph racontant ses songes devant ses frères,* qui est une première épreuve *avant les travaux sur la figure du frère de Joseph,* qui, coiffé d'un turban, se tient debout

LA PIÈCE AUX CENT FLORINS

ESTAMPE DE REMBRANDT

(Cliché Lansiaux)

Imp Ch Wittmann

derrière lui; Joseph est dans le milieu, tourné vers la gauche, où Jacob, très attentif à son récit, est assis dans un fauteuil; du même côté, dans le fond, une personne est couchée dans un lit garni de rideaux. A droite, vue de dos, une femme tenant un livre écoute Joseph, dont on voit les frères sur le second plan. Sur une chaufferette, placée au-dessous du fauteuil de Jacob, on lit avec peine : *Rembrandt. f 1638.*

Une pièce de toute beauté, presque unique, la grande *Résurrection de Lazare :* derrière le Christ, un groupe de six hommes frappés d'effroi, parmi lesquels le plus élevé, qui a les mains jointes, semble fuir d'épouvante. Ce qui rend si rare cet état, c'est que cet homme n'a pas encore la tête couverte, comme dans les états postérieurs; aux pieds du Christ, l'œil s'arrête sur Lazare à moitié levé dans son tombeau; à droite, vis-à-vis de lui, plusieurs personnes, parmi lesquelles se trouve une jeune femme, les bras étendus, qui semble s'approcher comme pour le recevoir.

D'autres pièces religieuses de très grande valeur :

Jésus-Christ présenté au peuple, une rarissime épreuve du premier état, avant quantité de travaux, sur papier du Japon; l'*Ecce-Homo,* une première épreuve avant les contretailles sur la figure du Juif au milieu de l'estampe; *les Trois-Croix,* une épreuve presque introuvable du premier état avant le nom de Rembrandt : la figure du vieillard affligé est au trait; la grande *Descente de Croix,* une première épreuve avant l'adresse de Hendrikus Vienburgensis; *le Bon Samaritain; Saint Jérôme* dans le goût de Durer; *Saint François en prière.*

Parmi les paysages, le plus beau qu'on puisse imaginer, le plus libre et le plus franc d'allures également : *Le Paysage aux trois arbres;* ces trois arbres sont à droite sur une éminence, et l'on aperçoit au travers, dans le lointain, un chariot rempli de monde. Au delà d'un canal, on voit une femme assise sur le bord et un homme debout qui pêche à la ligne; dans le lointain une ville brumeuse; le ciel magnifique est chargé de nuages d'où la pluie s'échappe. Dans le bas, à droite, on aperçoit deux personnes sous un berceau de feuillage. On lit avec peine, au bas de la planche, au-dessous des joncs : *Rembrandt f 1643*.

D'autres paysages, tous également intéressants : la *Vue ancienne d'Amsterdam*, le *Paysage aux trois chaumières*, si justement célébré, une deuxième épreuve sur papier du Japon, avant les travaux sur le terrain du devant et avant les contretailles sur les chaumières; le *Paysage à la tour carrée*, la *Chaumière et la grange à foin*; la *Chaumière au grand arbre*; la *Campagne du peseur d'or*.

Les portraits? De très rares épreuves, du premier état et du troisième état, de *Clément de Jonghe;* les portraits d'Abraham France, du vieux Haaring, du jeune Haaring, de Lutma, d'Asselyn, d'Ephraïm Bonus, dit le *Juif à la rampe*, de Wtenbogardus, de Jean Sylvius, du peseur d'or; à gauche, ce chef-d'œuvre de vie qui s'appelle le *Portrait du bourgmestre Six;* enfin Petrus van Tol, l'avocat Tolling, dont nous avons déjà eu l'occasion de parler.

Quand nous aurons cité, parmi les œuvres de genre, des pièces rarissimes, comme la *Bohémienne espagnole*, la *Coquille*, la *Femme au poêle*, il ne nous restera plus qu'à clore notre étude, forcément restreinte, sur les merveilles de Rembrandt graveur.

V. LIVRES, RELIURES, MANUSCRITS.

La collection Dutuit est surtout une admirable école de l'estampe et du livre : les richesses de ces deux branches de l'art sont ici incomparables; les 12,000 estampes, les 6,000 volumes, sont tous des œuvres d'art, d'un intérêt toujours égal, encadrant des merveilles.

La bibliothèque Dutuit est une bibliothèque d'amateur, c'est une bibliothèque choisie, dont chaque volume a une valeur en soi, tant au point de vue de l'impression qu'à celui de la reliure. Il y a aussi des manuscrits de toute beauté, comme le *Rommant du Roy Alexandre*, le *Grand Bréviaire, secundum usum Romanæ curiæ*, à figures gouachées, l'*Adonis*, offert par La Fontaine à Nicolas Fouquet.

Les reliures aux armes royales sont en nombre assez considérable pour avoir permis de les grouper en une seule vitrine, longue de cinq mètres, où leurs vieux ors scintillent doucement sur le gris perlé de la soie.

Cette reliure en veau fauve, toute semée de hérissons d'argent, c'est une reliure de Louis XII; ce Jamblique et ce Mizalde portent la salamandre de François Ier : le Mizalde, surtout, a une très élégante couverture en maroquin vert bleu et à compartiments monochromes; nous possédons six Henri II, de toute beauté : deux de ces reliures sont tout à fait remarquables; l'une, celle des œuvres de saint Basile, évêque de Césarée, un in-quarto, en maroquin citron, à filets et à compartiments, dont les tranches dorées reposent sous des fermoirs et des clous en argent; sur les plats, c'est un semis des chiffres et des emblèmes adoptés par le roi Henri II, et peut-être par Diane de Poitiers, le triple croissant, les arcs, le carquois, les deux D entrelacés; l'autre reliure n'est pas d'un goût aussi discret, aussi français; c'est un Jovien qu'une main italienne a paré d'un habillage un peu clinquant : au centre, le médaillon imprimé en relief de Henri II, et répété à chaque coin de chaque plat, avec cette légende : *Henricus II, Francorum Rex,* le tout environné d'une mosaïque blanche, vert pâle et or; le temps a donné à cette belle œuvre qui, dans l'origine, dut être un peu trop franche de tons, une patine exquise. Parmi quatre exemplaires aux armes de Henri III, à côté de reliures sombres, où, soit en argent, soit en or, s'incrustent de douloureux symboles, évoquant cette ère d'extravagances mystiques, plus ou moins sincères, que fut la Ligue, tête de mort, semis de larmes, instruments de la Passion, calvaires avec Jésus en croix; parmi ces curieuses allégories qui tout de suite évoquent le souvenir des processions de flagellants, une tache claire, blanche, à peine jaunie, une *Bibliothèque du sieur de la Croix du Maine,* un magnifique exemplaire de dédicace à Henri III, relié en vélin orné de fleurs de lis et d'H avec, au centre, accolées sous même couronne, les armes de France et de Pologne. Plusieurs exemplaires ayant appartenu à Henri IV : un Cicéron in-quarto, en maroquin vert, dont le dos et les plats sont semés de dauphins et de fleurs de lis; cette riche reliure, très bien conservée, porte les armes de France et de Navarre, avec le chiffre de Henri IV aux quatre coins des plats; le *Jardin du Roy très chrestien Henri IV,* par Pierre Vallet, brodeur ordinaire du Roy, un ouvrage d'une conservation parfaite, aux armes de Henri IV, en maroquin rouge, aux plats et au dos fleurdelisés, aux tranches dorées.

RELIURE HENRI II

(Cliché Lansiaux)

RELIURE HENRI II

(Cliché Lansiaux)

Imp. Ch. Wittmann

Ce sont enfin des reliures aux armes de Louis XIII, de
Louis XIV, de Philippe V, roi d'Espagne; un délicieux Sénèque,
où, sur un vert feuille-morte, pâlissent les marguerites et les
tournesols de Marguerite de Navarre, la reine Margot; voici
trois volumes au chiffre de Marie de Médicis, des M dans des
palmes, les armes de Médicis unies aux armes de France; non
loin de là, *Le Triomphe de la Croix,* aux armes de Marie-Thérèse,
le *Sacre de Louis XVI,* ouvrage de haut luxe, dont la reliure
de maroquin rouge à la coquille porte les armoiries du roi de
France et de la princesse autrichienne.

Les amateurs célèbres, français et étrangers, ne manquent
pas non plus. Les Grolier de la collection Dutuit sont peut-être
les plus intacts et les plus purs qui soient mis sous les yeux du
public : c'est un Pline le Jeune, recouvert de maroquin bleu,
une première édition d'Alde, rare et recherchée; un *De Viris*
en veau fauve, à compartiments, un des plus beaux spécimens
des combinaisons d'entrelacs; un Érasme, un Claudien, un
Marcus Hieronymus, en maroquin noir, et à riches compartiments : à l'intérieur, le titre du volume, ceux des six livres de
la Christiade, ainsi que toutes les majuscules, sont peints en or.
L'exemplaire, parfaitement conservé, a, depuis Grolier, appartenu à J.-A. de Thou qui a inscrit son nom en tête et à la fin,
et fait apposer son chiffre en or sur le dos du volume ori-
ginairement dépourvu d'ornements. Une reliure *typique* de
Grolier, c'est le *Freculphi episcopi Lexoviensis Chronicarum tom. II.*
Cet exemplaire a appartenu au savant Huet, dont il porte
encore les armes, et, en dernier lieu, au célèbre bibliophile
Richard Heber : les ornements en sont si élégants, que Dibdin,
voulant donner, dans son *Bibliographical Decameron,* une espèce
de fac-similé réduit des reliures de Grolier, a choisi celle-ci

comme le modèle le plus parfait qu'il pût présenter à ses lecteurs. C'est, au dire de cet habile connaisseur, une de ces reliures qui réjouissent l'œil d'un amateur homme de goût[1]. D'autres Grolier encore, parmi lesquels un Machiavel et un cardinal Bembi; trois Majoli d'un grand intérêt, une *Histoire des animaux d'Aristote,* une *Historia delle Cose de Francia,* et surtout une reliure précieuse des *Psaumes de David :* sur le maroquin vert, à compartiments dorés, le nom et la devise de Thomas Majoli; il paraît que cet exemplaire a également appartenu à Jean Grolier, car on lit sur le titre la devise : *Portio mea, Domine, sit in terra viventium,* ainsi que deux autres lignes écrites de la main du célèbre amateur; un autre bibliophile bien connu, J. Ballesdens, y a inscrit aussi son nom.

Deux délicieuses reliures de Canevarius, le célèbre amateur, premier médecin du pape Urbain VII, de ces reliures somptueusement décorées, mais avec un goût toujours sûr, et portant sur chacun de leurs plats un médaillon en creux où Apollon est représenté sur son char gravissant le Parnasse. Des Jacques-Auguste de Thou en quantité, parmi lesquels, dignes d'être mis tout à fait à part, le *Poetæ Græci principes* et le M. Verrius Flaccus : le premier, dont les plats sont entièrement dorés à petits fers, et qui figura longtemps dans la collection du prince de Soubise, vendue en 1789; le Verrius Flaccus est recouvert d'une de ces admirables reliures à volutes et à rinceaux de feuillages, chefs-d'œuvre de dorure de la fin du XVIe siècle, dont il existait plusieurs spécimens dans la célèbre bibliothèque de J.-A. de Thou.

[1] Note de M. Brunet. Collection Brunet.

Puis ce sont des Du Fresnoy, aux billettes d'argent, des Longepierre, dont la toison d'or a la prétention de rappeler la tragédie de *Médée*, bien oubliée aujourd'hui, et dont Longepierre fut l'auteur; des La Vieuville, des comte d'Hoym; semé de fleurs de lys, un exemplaire de dédicace au chancelier Séguier; un très curieux et probablement unique ouvrage, imprimé sur vélin, *Œuvres diverses d'un auteur de sept ans* (le duc du Maine, publiées par Madame de Maintenon, 1678); cet in-octavo, relié en maroquin rouge, aux armes des Mortemart, armes de la famille paternelle de Madame de Montespan, à laquelle il a évidemment appartenu, fit partie dans la suite de la collection du roi Louis-Philippe.

Il y a encore des reliures aux armes de Nicolas Fouquet, de Louvois, de Bossuet, de Madame de Maintenon, de Madame de Chamillart, le célèbre amateur, de la comtesse Dubarry, de la comtesse de Verrüe.

Dans la vitrine de centre qui fait vis-à-vis à la vitrine royale, se trouvent les plus beaux spécimens rêvés de reliures françaises des XVIᵉ, XVIIᵉ et XVIIIᵉ siècles.

La reliure à compartiments qui renferme les précieux dessins originaux d'Androuet du Cerceau est tout à fait digne de son contenu; c'est peut-être la plus belle reliure que nous possédions; on peut croire que la composition des dessins qui ornent les plats, qui est des plus riches et en même temps du goût le plus pur, est de du Cerceau lui-même : ce sont d'ingénieux entrelacs de filets d'or et de peinture aux couleurs les plus variées, harmonieusement fondues entre elles et produisant le plus gracieux effet. A l'intérieur, ce manuscrit porte sur la garde la note suivante qui est d'une écriture de la fin du XVIᵉ siècle ou du commencement du XVIIᵉ : *L'auteur de ce livre est Du Cerceau, qui l'a fait de sa main.* Plusieurs de ces dessins ont été gravés dans les œuvres de du Cerceau, la plus grande partie est inédite. Le recueil se compose de 108 dessins lavés à l'encre de Chine et d'une exécution très soignée.

Très remarquables également, les reliures de l'Hérodote, de Saliat, et du *Panoplia omnium illiberalium;* ce sont deux reliures de la fin du XVIe siècle, entièrement couvertes de compartiments dorés à petits fers et composés d'ornements divers, tous se rattachant entre eux et formant une seule composition, du dessin le plus heureux et le plus varié. La reliure, de la même époque, des *Psaumes de David,* de Buchanan et de Théodore de Bèze, est aussi bien curieuse et bien riche, avec, sur ses plats de maroquin vert, adouci par les siècles, des rinceaux de feuillages, de volutes, de marguerites et de colombes, emblèmes du Saint-Esprit.

Avec le XVIIe siècle, Le Gascon et du Seuil, avec le XVIIIe, Padeloup et Derome. De Le Gascon, les reliures à dentelle des *Heures à l'usage de Rome,* qui appartinrent à la duchesse de Berry et furent acquises par Eugène Dutuit à la vente Desq; les trois Sénèque au chiffre compliqué, l'*Adonis,* dont nous parlerons plus loin; de du Seuil, la *Logique* d'Arnauld et de Nicole, les *Confessions de saint Augustin,* de délicieux in-douze, en maroquin citron, qui firent successivement partie des célèbres collections de La Vallière, d'Hangard et de Radziwill.

Ces superbes incrustations, ces mosaïques de maroquin, d'une étrange hardiesse, d'un goût toujours exquis, ce sont les chefs-d'œuvre de Padeloup; le *Breviarium secundum usum Romanæ curiæ* que nous avons déjà cité, et qui cache les splendeurs de ses grisailles sous son maroquin citron, à riches compartiments et à mosaïque de maroquin bleu et rouge, couvert d'ornements à petits fers en or, et doublé de maroquin bleu dentelé; les *Constitutiones Societatis Jesu,* une reliure à mosaïque qui est une merveille, avec ses incrustations de maroquin bleu, vert et citron; les *Amours pastorales de Daphnis et Chloé,* une des reliures le plus justement célébrées de Padeloup, ornée de riches compartiments à mosaïque de maroquin bleu, rouge et citron, dorés en plein et à petits fers; un Tacite en deux volumes, habillé de maroquin vert, à dentelle, aux plats et au dos décorés de mosaïque, aux gardes de papier doré à fleurs, un papier qui a conservé une exquise fraîcheur de tons; les cinq livres de *l'Imposture; l'Homme pécheur;* le *Petit Carême* de Massillon; les *Lettres de saint Jérôme,* trois beaux volumes, d'une très originale ornementation : les plats sont encadrés d'une large bande de maroquin rouge sur laquelle se dessinent d'élégants compartiments à petits fers; le dos est également très travaillé. De Derome, le *Spaccio de la Bestia trionfante* mérite une mention particulière, tant le dessin de la reliure en est curieux et singulier : sur chaque plat, sur un fond de maroquin citron, une grenade bleuie, toute semée de points de vermillon; l'ensemble est charmant et vraiment inattendu, si l'on songe que nous sommes à l'époque des coquilles et des rocailles.

Il y a encore une infinité de reliures de Derome, mais l'une surtout qui surprend, tant son inspiration semble proche parente de notre *art nouveau* contemporain : c'est la reliure d'une très belle édition anglaise d'Horace; le dos est à mosaïque, et les plats, avec incrustations de maroquin rouge bleu et vert, représentent des fleurs, principalement de grands bleuets déjà *stylisés.*

La collection Dutuit est très pauvre en reliure Empire, et c'est tant mieux; quelques reliures de Boyet, et l'on arrive au grand renouveau moderne qu'annonce Trautz-Bauzonnet et qu'inaugure Lortic.

D'ailleurs, du témoignage d'un de leurs amis intimes, de M. Gaston Lebreton, l'érudit conservateur des musées de Rouen, les frères Dutuit n'ont jamais fait relier pour leur compte le moindre volume; toutes les reliures que nous voyons ici avaient été commandées par les amateurs aux ventes desquelles nos généreux donateurs ont lentement, patiemment acquis leur admirable collection.

Avant de parler des manuscrits, il faut avant tout longuement considérer ce joyau de la bibliothèque des ducs de Bourgogne, le *Rommant ou l'Histoire du Roy Alexandre*. Des livres de cette importance ne se trouvent plus aujourd'hui que dans les musées et les bibliothèques publiques.

Le manuscrit de Jean Wauquelin comprend 327 feuillets de vélin; il date de la seconde partie du xve siècle; la calligraphie est sans doute l'œuvre de David Aubert, le copiste au service des ducs de Bourgogne, qui a attaché son nom à de nombreux manuscrits exécutés de 1458 à 1479.

Dans le catalogue du marquis de Coislin, dans la collection duquel figura l'*Histoire du Roy Alexandre*, voici comment s'exprimait M. Gratet-Duplessis, le bibliophile bien connu, au sujet de l'ornementation du roman de Jean Wauquelin : « Je me contenterai de dire ici, le plus simplement possible, que je ne connais pas de plus beau livre que celui-ci. » Les 204 miniatures contenues dans ce volume non seulement sont des chefs-d'œuvre de grâce, de patience et d'éclat, mais encore ont le grand mérite de nous initier à presque tous les usages de la vie civile et militaire du xve siècle; le frontispice représente Wau-

MANUSCRIT DE L'HISTOIRE DU ROY ALEXANDRE

PAGE DE DÉDICACE

(Cliché Lansiaux)

Pource que par le record et ramembrance des
nobles emprinses et fais darmes conquestes
et vaillandises faictes et acheuees par les
vaillans puissans et nobles hômes du
temps ancien et par qui deuant passe les cueurs
Les cueurs des nobles et vaillans hômes du
temps present desirans et veullans attaindre le sautt et
excellente vertu de proesse et de bonne renommee. Sont es-
meu et esleue et plus en parfont Jnnate a toute honneur et
perfection. Et aussi a tout certain entendement et raison

quelin remettant son livre au duc de Bourgogne; ce prince, entouré de ses seigneurs, porte le collier de la Toison d'Or; à gauche, au-dessus de l'entrée du palais, sont sculptées les armoiries de Philippe le Bon.

La plupart des miniatures du manuscrit paraissent être l'œuvre du même artiste; une série de 14 peintures, consacrées pour la plupart au chapitre intercalaire des *Vœux du Paon*, est d'un autre miniaturiste; l'artiste n'a employé pour ces peintures que des couleurs très lavées, des laques violettes, roses, jaunes, vertes, d'une délicatesse infinie, d'une fraîcheur de tons surprenante. Quatre des dernières miniatures de la première partie sont encore d'une autre main; elles se distinguent par un réalisme et une entente de la perspective et des proportions qu'il est rare de rencontrer dans les miniatures du xve siècle.

Outre le *Roman d'Alexandre*, les manuscrits ne manquent pas, et ils suffisent à remplir toute une grande vitrine de centre; c'est le somptueux *Hore Beate Virginis Marie*, tout étincelant, dont les pages sont entourées de larges bordures avec arabesques formées de traits à la plume, avec feuilles et fleurs en or, en rouge et en bleu; ce sont ces délicieuses *Heures de la Vierge*, ce minuscule manuscrit, recouvert au xviie siècle de velours rouge et de fleurons de vermeil, décoré à chaque page d'animaux et de grotesques, et où se trouve une miniature d'une exécution hors ligne, un saint Jean-Baptiste à mi-corps, qui fait songer à Memling et qui ne peut être que l'œuvre d'un grand artiste. Dans une reliure de Le Gascon, un autre missel très intéressant et très gracieux, du plus pur style de la Renaissance. Puis, un ouvrage dont la reliure nous a déjà longuement arrêté, le *Breviarium secundum usum Romanæ curiæ*, ce grand bréviaire que décorent des grisailles d'une simplicité et d'une grandeur d'art tout à fait saisissantes : sainte Claire, toute seule, sous le ciel étoilé, et la réunion des saints, font songer à certaines scènes que rêva plus tard Puvis de Chavannes.

Nous ne devons pas non plus oublier les *Funérailles de la Reine Anne de Bretagne* et le *Trespas de l'Hermine regrettée* qui appartint à Louis II de Bourbon, dit le Grand Condé.

Nous avons déjà eu l'occasion de parler du manuscrit de l'*Adonis*, de La Fontaine, dont la reliure de maroquin rouge, à petits fers dorés, est une des merveilles de Le Gascon. Pour que son œuvre, présentée à Nicolas Fouquet, fût digne du destinataire, La Fontaine a fait calligraphier son poème sur vélin par le célèbre Nicolas Jarry, qui avait « le plus beau caractère du monde »; il a demandé à Chauveau un superbe dessin destiné à servir de frontispice et il a fait relier le manuscrit par le premier relieur de son temps.

Puisque nous parlons de La Fontaine, nous pouvons bien parler de Racine et dire que nous possédons toutes les œuvres de ce dernier, reliées de façon incomparable, avec, durant cinq tomes, tous les originaux de Gravelot, dont la suite célèbre, reproduite par la gravure, accompagne dans l'immortalité les écrits de notre poète le plus pur et le plus délicat.

On doit rappeler, avant de clore cette trop brève étude, que M. Quentin-Bauchart, président de la Commission d'organisation du Palais des Beaux-Arts, a pris une part toute personnelle à la classification et à la mise en valeur des trésors innombrables de la collection Dutuit et a largement prêté à la Municipalité l'appui de son érudition de bibliophile, de son affection, de son amour, pour les vieux livres rares et les manuscrits précieux.

VI. OBJETS DIVERS.

Nous rangerons dans ce dernier chapitre toutes les pièces de grande valeur parfois, mais qui, isolées, ne constituent pas un de ces larges ensembles, si utiles à l'éducation du public, et que nous venons de passer en revue.

Que dire de cette délicate figure de bois, de cette jeune fille du début du xvi⁰ siècle, dont on ne sait trop si elle est allemande, flamande, voire même française? C'est une merveille de goût, d'art, de féminité; il n'y a pas à Cluny une seule pièce d'une pareille valeur.

Approchons-nous de cette vitrine d'orfèvrerie et de bijoux du xvi⁰ siècle : ce baiser de paix en argent ciselé et doré est un des plus précieux spécimens d'orfèvrerie italienne de la Renaissance; le sujet principal est la Crèche exécutée en haut-relief : dans le cintre, le Père Éternel bénissant; le fond gravé représente Adam et Ève dans le Paradis. Ce baiser de paix provient de la collection du baron de Théis.

Cette *Canette de Luther* appartint bien réellement au grand réformateur du xvi⁰ siècle; c'est d'ailleurs une belle pièce d'orfèvrerie allemande, en argent doré, ornée d'arabesques gravées; elle est décorée d'une poignée d'un élégant travail : on y voit une tête sortant de la gueule d'un dauphin, et dont l'extrémité repose, dans le bas, sur une autre tête; cette poignée est ornée de feuillage; dans un petit renfoncement, en haut du couvercle, la date de 1520; sous la canette, on trouve cette inscription, en hollandais : « Que ceux qui reçoivent cet objet le conservent comme un précieux souvenir apporté de la maison du docteur

Luther, et qu'il soit transmis de génération en génération. Cet objet est périssable, mais la doctrine du docteur Luther est immortelle. » On lit au-dessous la date de 1631, indiquant l'époque à laquelle ce vase sortit de la famille du réformateur. Cette pièce provient de la collection Raifé, dont la vente eut lieu en 1867.

Voici maintenant de magnifiques bijoux de la Renaissance italienne; celui-ci, qui fut acquis à la vente Saint-Seine, est en or, émaillé et rehaussé de rubis et de perles; sa composition forme trois plans superposés dont le dernier a pour motif principal un groupe de la Charité. Un bijou admirable, un de ces bijoux devant lesquels s'inspireraient heureusement nos artistes modernes, c'est le *Centaure à l'émeraude,* un chevalier, ayant le casque en tête, moitié homme, moitié cheval, offrant au-dessus une émeraude suspendue; cette pièce est d'ailleurs enrichie d'autres émeraudes: on en remarque quelques-unes très petites qui pendent aux pieds du cheval. Plus loin, c'est le Saint-Esprit, un merveilleux bijou, émaillé, entouré de brillants et supporté par des chaînettes qui se rattachent à un anneau placé dans le haut; la Sainte Vierge, adorée par les Anges et entourée d'améthystes, avec, au bas, des perles en pendeloques; puis toute une suite de montres, parmi lesquelles, une en argent qui fait songer aux meilleures productions de Baffier, une fleur d'ancolie, prête à s'épanouir; toute une suite de montres minuscules en forme de croix, montres de dame, sans nul doute, avec cadran gravé fleurs et à rinceaux.

En face de quelques gros émaux champlevés, de quelques ivoires assez ordinaires, où cependant il est impossible de ne pas mentionner la belle Vierge française du ix⁰ siècle, en face de la croix processionnelle de Théodoros, d'un intérêt en somme très relatif, une vitrine de somptueux émaux de Limoges : le grand tableau ovale peint par Jean Courtois, et représentant la *Descente de Croix;* la plaque d'émail, au milieu de laquelle Neptune, armé de son trident, monté sur un char traîné par des chevaux marins, chasse les vents qu'Éole a déchaînés. On voit de chaque côté deux sujets se rapportant à la scène principale.

A gauche, Mercure, armé de son caducée, parle à Vénus assise sur un char traîné par deux colombes; au-dessous, Vénus apparaît à Énée qu'accompagne le fidèle Achate; à droite, Vénus sur son char et l'Amour; au-dessous, Didon accueille Énée.

Cette pièce oblongue a été peinte en grisaille par Martin Didier; elle provient de la vente Morland, faite à Londres.

Une autre pièce de grande beauté, c'est le plat en émail, offrant un sujet de l'histoire de Psyché : on voit Psyché partant pour les enfers, un spectre lui apparaît devant une tour qui est à gauche, et l'instruit de ce qu'elle doit faire. C'est le n° 24 de la suite attribuée à Raphaël. Les bords du plat sont couverts de riches ornements; on y remarque des Amours en grisaille dans des dentelles; au revers, également en grisaille, de riches ornements encadrant quatre têtes d'anges.

Voici encore une belle paire de salières, à peinture grisaille, teintée, rehaussée d'or, représentant des sujets de chasse, et décorées d'armoiries; les cavités destinées à recevoir le sel sont ornées de bustes avec entourages d'arabesques; elles sont de la main de Pierre Raimond.

La verrerie de Venise est assez bien représentée par un grand globe en forme de boule, porté sur piédouche, en verre vert; une infinité de frêles burettes irisées, une petite coupe en verre blanc; deux grands verres de forme élancée, à ailerons bleus et blancs à filigranes; enfin par une jolie bouteille rouge très élégamment montée en argent ciselé.

Quelques fort belles pièces d'horlogerie et d'argenterie françaises du XVIIIe siècle : la pendule, en forme d'urne, qui provient de la vente Double, et qu'enlace un serpent, au corps étincelant de cailloux du Rhin; deux écuelles, avec têtes de Diane sur les oreilles, accompagnées de feuilles d'acanthe; deux salières, très riches, en verre bleu, à mufles de lions, qui furent exécutées en 1778 par Louis-Joseph Millerand Bouty; une très belle paire de flambeaux Louis XV, divisés par des nœuds couverts d'ornements gravés, de feuillages et dé coquilles.

Non loin de la vitrine d'argenterie française, sourient trois terres cuites et un bas-relief de bronze de Clodion; des enfants qui jouent avec des chèvres, des Bacchantes, une surtout qui, pressée doucement par un jeune Satyre, est un chef-d'œuvre de grâce en même temps que de vie; on sent la chair pâmée et frissonnante sous l'étreinte.

Cinq ou six bronzes d'art, de la Renaissance italienne et de Louis XIV: un buste de jeune Florentin, qui est une pure merveille d'art; une petite statue de Vénus sortant du bain; une statuette de Persée, qui est une réduction de l'œuvre célèbre de Benvenuto Cellini, et qui a maintenant une belle patine rouge aux reflets de cuivre; enfin deux groupes de l'époque Louis XIV, composés chacun de deux figures : *l'Enlèvement de Proserpine par Pluton* et *l'Enlèvement d'Orithie par Borée*. Près de ces bronzes, deux figures couchées, en terre cuite, réductions par Jean de Bologne des deux célèbres statues de Michel-Ange qui ornent les tombeaux des Médicis : *le Sommeil* et *le Penseur*.

La dernière vitrine que nous ayons encore à considérer dans cette salle du XVIIIe siècle et de l'art oriental, c'est la vitrine des

LAURENT DE MÉDICIS — TORNABONI
HENRI IV ET MARIE DE MÉDICIS, DE DUPRÉ
MÉDAILLES
(Cliché Lansiaux)

Imp. Ch Wittmann

jades et des laques; le plus beau jade est certainement la coupe hémisphérique à piédouches, dont les deux anses sont formées par des têtes de dragons portant des anneaux mobiles; le couvercle est bombé à jours et surmonté d'un bouton; la matière est d'un beau vert foncé; un jade gris d'un travail exquis encore, c'est cette coupe formée par une fleur de pivoine, avec son feuillage dentelé.

Parmi les laques japonaises, le grand cabinet en forme de temple soutenu par des colonnes qui semblent indiquer déjà une influence occidentale : pour décor, des figures, des rinceaux et des oiseaux d'or sur fond noir; au centre, une arcade flanquée de deux colonnes. Puis c'est toute une suite de boîtes, dont l'une, en laque aventurine, est tout à fait charmante; elle est en forme de pomme avec des branchages en or, et elle repose également sur des branches de bronze.

Il ne nous reste plus que quelques mots à dire de la très belle collection de médailles et de monnaies (environ 500 pièces), toutes d'une étonnante conservation et que l'on a placées dans la salle des Antiques.

Citons le beau buste d'Apollon, d'Amphipolis, le joyau de la vitrine de monnaies antiques; le médaillon de Hiéron II, tyran de Syracuse; Persée; Sidonia de Crète; Oropherne, roi de Cappadoce; les pièces d'or de Jules César, d'Octave, de Pompée et ses fils; Messaline; la magnique médaille de bronze, de grand module, qui porte le buste de Galba; Pertinax; Carausius, tyran d'Angleterre au iiiᵉ siècle; Romulus Augustule; enfin, dans la section française, le *regalis aureus* de saint Louis, et le huit louis de Louis XIII; et, dans la section italienne, la merveilleuse *Tornaboni,* avec au revers *les Trois Grâces.*

. . . .

Nous devons forcément nous arrêter; il n'y a pas lieu de parler de quelques meubles et de quelques tapisseries sans valeur, que MM. Dutuit laissaient dormir dans leurs châteaux et qui, à proprement parler, ne peuvent être considérés comme faisant partie des merveilleuses collections exposées. Notre devoir, à la fin de cette étude, c'est de saluer une dernière fois le souvenir des généreux et savants collectionneurs qui ont voulu que la Ville de Paris, comme toutes les autres villes d'Europe, de France même, eût son Musée d'Art bien à elle, une galerie merveilleusement créée pour l'éducation de la foule et le plaisir des gens de goût.

CHAPITRE VII.

LES COLLECTIONS MUNICIPALES
AU PALAIS DES BEAUX-ARTS.

Paris est certainement la ville du monde où la vie artistique
se développe avec le plus d'intensité.

De tout temps la Municipalité a eu le souci de doter les édifices publics et les jardins d'œuvres d'art qui répandent jusque
dans le peuple le goût et l'habitude de la beauté.

De nouveaux musées, véritables centres d'éducation d'art,
ont été ouverts grâce à de généreux donateurs, MM. Guimet,
Cernuschi, la duchesse de Galliera, Paul Meurice, fondateur
du musée Victor-Hugo; d'importantes donations privées sont
venues enrichir les collections existantes.

Les amateurs et les créateurs prennent l'habitude de léguer
à la collectivité ce qui fut la joie ou la raison de leur existence, laissant ainsi à leur passion ou à leur talent le mobile
le plus pur et le plus désintéressé, celui de procurer à leurs
concitoyens la matière de quelque nouvel idéal et de fécondes
inspirations.

Ainsi s'accroît naturellement chaque jour la fortune artistique
de Paris, et de nouveaux locaux étaient devenus indispensables
à la garde et à l'exposition des richesses accumulées.

Cependant, alors que, l'Exposition terminée, l'État eut remis
à la Ville le Petit Palais, il semblait difficile d'y créer du jour au
lendemain un musée capable de faire convenable figure auprès

des célèbres centralisations d'œuvres d'art existantes. En réalité, la Ville a su trouver dans son fonds assez de matériaux pour former un ensemble de collections du plus haut intérêt. Et lorsque la 4° Commission eut présidé au choix des œuvres qui devaient constituer le musée municipal, le Service des Beaux-Arts, avec la collaboration de M. Georges Cain, a réalisé ce que les plus confiants n'osaient espérer. En quelques semaines fut ordonné et aménagé un musée entier dont les éléments étaient transportés, sans classement initial, du magasin d'Auteuil et des édifices municipaux où ils se trouvaient épars. Il est juste de rendre grâce à tous ceux qui, avec habileté et expérience, consacrèrent leurs soins à cette tâche : à M. Ralph Brown, inspecteur, chef du Service des Beaux-Arts; à M. G. Veyrat, chef du Bureau des Beaux-Arts; à M. Georges Cain et à leurs collaborateurs, MM. Yvanhoé Rambosson et Chassaigne de Néronde. Le Conseil municipal avait témoigné en séance publique la satisfaction qu'il avait à reconnaître le prix de leur concours; le Président du Conseil municipal et M. le Préfet de la Seine adressèrent à chacun les remerciements de la Municipalité, en présence de M. le Président de la République, lorsque l'inauguration des musées eut lieu au milieu même de la collection municipale.

L'origine des collections de la Ville de Paris remonte à 1871.

A cette époque, les Beaux-Arts ainsi que les Travaux historiques venaient d'être attribués au service de M. Alphand, directeur des travaux de Paris. Ils restèrent sous sa dépendance jusqu'à la mort de ce dernier, en 1892. Depuis l'année 1871, l'administration imposa aux artistes l'abandon des esquisses, cartons ou modèles des travaux qui leur étaient commandés, et ces œuvres furent tout d'abord placées dans les combles de l'hôtel Carnavalet qui n'était pas encore organisé en musée. On y concentra en même temps les œuvres peu nombreuses disséminées jusque-là dans les divers magasins du quai de Béthune, de l'avenue Victoria et du boulevard Morland. Dans ce dernier local demeurèrent les œuvres importantes de sculpture et de peinture.

En 1877, en même temps que l'on installait les collections historiques à Carnavalet, on construisait, après un vote du Conseil, le dépôt d'Auteuil, rue La Fontaine, et on y emmagasinait, avec le matériel des fêtes, les modèles de sculpture et les œuvres peintes. A la suite d'agrandissements successifs, on put y disposer, dans un certain ordre, les collections artistiques.

En 1894, le Conseil décida leur translation dans un local plus commode et surtout plus central, le pavillon de la Ville de Paris, situé dans les Champs-Élysées, légère construction métallique qui faisait, au flanc du Palais de l'industrie, l'effet d'un bambin près d'un frère aîné. M. Stupuy, ancien membre du Conseil municipal, avait été nommé conservateur du nouveau musée.

Cette installation devait être des plus transitoires ; elle marque pourtant l'origine du Musée des Collections de la Ville de Paris, et réalise la volonté, toujours affirmée par le Conseil municipal, de remettre au public les richesses artistiques acquises avec les deniers des contribuables parisiens.

Une cérémonie officielle d'inauguration eut lieu le 19 décembre 1895 et fut organisée par M. Adolphe Maury, syndic du Conseil municipal. Dans la même journée, le Musée des collections artistiques et le Musée Galliera furent ouverts au public à la suite de leur consécration par la Municipalité, qui eut lieu en présence de M. Combes, ministre de l'instruction publique et des beaux-arts.

La carte d'invitation suivante avait été lancée :

RÉPUBLIQUE FRANÇAISE.

LIBERTÉ — ÉGALITÉ — FRATERNITÉ.

LA MUNICIPALITÉ DE PARIS vous prie de lui faire l'honneur d'assister, le jeudi 19 décembre 1895, à l'inauguration du MUSÉE DES COLLECTIONS ARTISTIQUES DE LA VILLE DE PARIS *(Pavillon de la Ville, Champs-Élysées) & du* MUSÉE GALLIERA, *rue Pierre-Charron, 10.*

L'inauguration du Musée des collections artistiques aura lieu à 2 *heures, celle du Musée Galliera à* 3 *heures.*

INVITATION VALABLE POUR UNE PERSONNE.

La cérémonie eut lieu sous la présidence de M. Ernest Rousselle, président du Conseil municipal, qui reçut, avec les membres du Conseil et les représentants de l'Administration, M. le Ministre de l'intérieur et les invités de la Municipalité.

Assistaient à cette cérémonie : M. le Préfet de police, M. Bruman, secrétaire général de la Préfecture de la Seine, représentant M. Poubelle, préfet de la Seine; M. Laurent, secrétaire général de la Préfecture de police; M. Roujon, directeur des Beaux-Arts; les inspecteurs généraux des Beaux-Arts, les membres des commissions artistiques et des commissions de surveillance des musées de la Ville de Paris, les membres des Bureaux des salons de peinture, les artistes dont les œuvres étaient exposées; la Presse municipale, les maires et adjoints de

Paris; les directeurs et chefs de service de la Préfecture de la Seine; M. Ralph Brown, chef du Service des Beaux-Arts; les conservateurs des musées de la Ville, et un grand nombre de personnalités parisiennes.

Il faut reconnaître que le nouveau musée installé d'une façon précaire, à raison de l'insuffisance des locaux, n'eut pas l'importance artistique désirable. Sa durée fut d'ailleurs éphémère.

L'Exposition de 1900 approchait et, dès 1896, le pavillon dut disparaître. Les œuvres qu'il abritait, à l'exception de sculptures et de tapisseries attribuées, à titre provisoire, au Palais Galliéra qu'on venait d'ouvrir, furent transportées, partie de nouveau aux magasins d'Auteuil, partie dans l'arrière rez-de-chaussée de l'Hôtel Cernuschi. Les collections artistiques de la Ville de Paris se trouvaient de nouveau soustraites aux yeux du public. Il est vrai que c'était cette fois une éclipse tout à fait temporaire et qui précédait une éclatante réapparition, car, ainsi que le rappelait M. Quentin-Bauchart, « la Ville de Paris se devait à elle-même de donner l'hospitalité aux œuvres qu'elle acquiert, non en les enfouissant dans un dépôt inconnu de la plupart des Parisiens, mais en les étalant au grand jour dans un monument digne d'elle ».

M. Brown, inspecteur, chef du Service des Beaux-Arts, disait de son côté dans une *Note sur la réorganisation des collections artistiques de la Ville de Paris :*

Dès l'origine, et comme conséquence du contrat passé entre l'État et la Ville de Paris pour l'organisation de l'Exposition universelle, le Petit Palais des Champs-Élysées doit, une fois l'Exposition fermée, se substituer, comme musée des collections artistiques, à l'ancien pavillon du Cours-la-Reine démoli pour les besoins de cette Exposition. L'admirable

situation de cet édifice, son aspect monumental et ses dispositions inté-
rieures si bien comprises permettront d'y aménager les collections dans
des conditions exceptionnelles. Telle doit être son affectation propre,
tandis que le musée Galliera sera un musée essentiellement consacré aux
manifestations industrielles de l'art, dans lequel les artistes et les ouvriers
d'art, si appréciés aux Salons annuels, pourront, selon l'heureuse idée
de M. Quentin-Bauchart, faire admirer, dans des expositions successives,
le génie de la race créant les merveilles de l'art industriel moderne.
Galliera a, d'ailleurs, reçu déjà, en principe, cette destination, et l'embryon de ses collections a été commencé dans ce but. Il importe même,
à ce propos, de rappeler que la création récente du musée Cernuschi
constitue, au point de vue de la céramique, du bronze et de l'orfèvrerie,
une précieuse annexe du Musée des arts décoratifs de la Ville de
Paris.

Le rôle du Petit Palais est d'être, pour Paris et le département de la
Seine, un musée d'art analogue à ceux qui existent dans la plupart des
grandes villes de France, à Lille, à Nantes, à Lyon, à Bordeaux, à Marseille, et que, seul, Paris ne possède pas encore, musée dans lequel la
Ville, si généreuse dans ses encouragements aux artistes, pourra, de
même que l'État le fait dans ses propres musées, réunir ses richesses et
les faire valoir dans un cadre digne d'elles.

A la suite du rapport de M. Quentin-Bauchart, l'affectation du
Palais des Beaux-Arts aux collections artistiques fut définitivement résolue.

C'est alors que M. le Préfet de la Seine nomma une commission
chargée d'organiser le Petit Palais et, partant, de faire un choix
judicieux parmi les œuvres placées à l'Hôtel de Ville, dans les
édifices municipaux, à Galliera, à Carnavalet et au dépôt d'Auteuil. Cette Commission, sous la présidence de M. le Préfet de
la Seine, fut effectivement présidée, pendant toute la durée des
travaux, par M. Quentin-Bauchart, dont on sait la prédilection

pour les questions d'art et dont le zèle ni l'activité n'ont fait faute une minute aux organisateurs. Les membres de la 4ᵉ Commission du Conseil furent tous désignés pour faire partie de cette Commission, et M. le Préfet de la Seine leur adjoignit les artistes suivants : MM. A. Mercié, Frémiet, Carolus Duran, Gérome, Benjamin-Constant, Detaille, J.-P. Laurens et Bonnat. A titre administratif, M. Brown, inspecteur, chef du Service des Beaux-Arts, M. Georges Cain, délégué à l'organisation du Petit Palais et M. Veyrat, chef du bureau des Beaux-Arts, suivirent les séances de la Commission.

On verra quelles œuvres trouvèrent grâce aux yeux de ces juges.

En pénétrant dans le Palais par la porte monumentale qui donne sur l'avenue Nicolas II, la vue est immédiatement frappée, par le puissant *Saint Georges*, de Frémiet, dont la masse dorée se dresse imposante à l'entrée des galeries. A droite et à gauche, dans la nef monumentale, d'autres sculptures magnifient la beauté des volumes et des lignes : le *Porte-falot* et le *Duguesclin*, du même statuaire; *Salammbô et Mathô*, de Th. Barrau, groupe séduisant sur lequel la lumière glisse avec amour, caressant des formes souples et nerveuses; *Le Drapeau*, haut-relief mouvementé, de Gardet; la belle *Fontaine*, de Dalou, qui réunit dans un vaste médaillon un tourbillon équilibré de formes humaines, admirables de modelé et d'expression; *La Vision du poète*, de M. Georges Bareau, œuvre puissante qui figura à l'Hôtel de Ville lors des fêtes du centenaire de Victor Hugo; *La Tempête*, par R. Larche; les œuvres de Mᵐᵉˢ Girardet et Léon Berteaux et de MM. Béguine, Moncel, Fagel, etc. *Le Réveil d'Adam*, de H. Daillion, la maquette du *Dante*, d'Aubé, érigé en bronze en face du Collège de France.

Dans l'un des pavillons, on remarque une statue monumentale de l'Impératrice Joséphine, par Vital Dubray qui figura autrefois sur une des grandes artères parisiennes [1] et disparut à la chute de l'Empire. On affirme qu'à l'époque où elle se dressait sur une voie publique, ses oreilles étaient ornées de vrais brillants, qui restèrent jusqu'au dernier jour hors de l'atteinte des malfaiteurs. Dans l'autre pavillon, la statue de bronze de François Ier, par Cavelier, provenant de l'ancien Hôtel de Ville de Paris.

Dans les galeries de peinture on a disséminé un certain nombre d'autres œuvres statuaires parmi lesquelles il faut mettre hors pair l'admirable groupe des *Premières funérailles*, de Barrias, qui ornait autrefois l'Hôtel de Ville et dont le transfert au Palais des Beaux-Arts souleva au Conseil municipal de si chaudes discussions, une partie de l'assemblée estimant qu'on ne pouvait priver l'édifice d'une des œuvres qui contribuaient le plus à l'embellir; groupe impeccable que ses qualités de style, de pondération et d'intensité dans le sentiment, que sa noblesse et sa vérité placent à côté des purs morceaux légués par l'antiquité.

Enfin le vivant buste du Prince impérial, par Carpeaux; la maquette mouvementée, puissante et gracieuse, du *Monument de la République*, exécuté par Dalou, pour la place de la Nation; un *Victor Hugo* magistralement exprimé d'après nature, par Rodin, *Le Paradis perdu*, de Gautherin, provenant également de l'Hôtel de Ville, et d'autres œuvres d'une réelle valeur, d'Antonin Moine, G. Bareau, Desbois, Fix-Masseau, Baffier, Froment-Meurice, etc.

[1] Avenue Joséphine, aujourd'hui avenue Kléber.

SAINT GEORGES, DE FREMIET

BRONZE

(Cliché Lansiaux)

Imp. Ch. Wittmann

Lorsque, après avoir parcouru la sculpture, on traverse la collection Dutuit, on arrive aux collections municipales de peinture choisies dans le fonds artistique de la Ville.

On a logiquement placé près des collections Dutuit les œuvres les plus anciennes.

Tout d'abord *La Naissance de la Vierge*, par Restout, tableau religieux dans lequel le goût du xviiie siècle s'affirme par l'élégance mondaine et la grâce profane de la Vierge et de sainte Anne. Cette toile provient des missions étrangères. Placée tout d'abord dans les appartements du Préfet, au pavillon de Flore, elle avait été envoyée à Auteuil, en 1894. Deux Hubert-Robert assez vastes, qui décoraient autrefois l'ancien hôtel Beaumarchais, et avaient figuré à l'Hôtel de Ville, l'encadrent de leurs paysages décoratifs, hantés de la *Vénus Médicis* et de l'*Hercule Farnèse*. Avec *La Distribution de vin aux Champs-Élysées en 1822*, le fameux Boilly acheté 32,000 francs par la Ville de Paris à la vente Lutz, ce sont les seules œuvres de maîtres du xviiie siècle que possède le Musée municipal.

Les murs suivants sont accaparés par d'immenses toiles de la première période du xixe siècle; grandes compositions historiques qui marquent une date dans l'évolution picturale : *Les Vainqueurs de la Bastille arrivant à l'Hôtel de Ville*, de Paul Delaroche; *Bailly proclamé maire de Paris*, de Léon Coignet et Tony Johannot. Ces deux tableaux ainsi que *La prise de l'Hôtel de Ville en 1830*, de Schnetz, et *Louis-Philippe présenté au peuple par Lafayette*, de Drolling, avaient été commandés à leurs auteurs, par Louis-Philippe, à la suite de la Révolution de Juillet. Ils furent bientôt relégués dans les réserves, où la République de 1848 et le second Empire les oublièrent pendant de longues années.

Ce n'est qu'en 1878, alors que la Municipalité parisienne, chassée du Luxembourg par le Sénat, émigra au Pavillon de Flore, qu'on fut heureux d'exhumer ces immenses toiles pour décorer la salle des séances du Conseil municipal. Les deux principales furent transportées à l'Hôtel de Ville, la vaste salle de la Commission du budget, où elles restèrent jusqu'au moment où elles furent remplacées par les *Enrôlements volontaires,* de Detaille. Toutes deux rejoignirent alors les autres au dépôt d'Auteuil, où la Commission les choisit pour le Palais des Beaux-Arts, ainsi que le tableau de Drolling. Seule fut exceptée l'œuvre de Schnetz, dont l'intérêt parut réellement trop peu en rapport avec la surface occupée.

A côté, un autre tableau de Léon Cogniet, qui figura au salon de 1827, et qui fut repris à l'église de Saint-Nicolas-des-Champs, pour être exposé à la Centennale de 1886 : *Saint Étienne portant des secours à une famille pauvre.* Puis la *Bataille de Cannes,* de Chifflart, mort récemment, artiste sincère et puissant, dont le Palais des Beaux-Arts possède encore deux compositions magnifiques, *Faust au combat* et *Faust et Marguerite,* acquises en 1883 et exposées aux dessins.

De Courbet, deux toiles qui attirent l'attention pour des motifs bien différents. Le *Portrait de Proudhon,* composition des plus curieuses pour ceux qui s'intéressent au philosophe dont l'influence fut si considérable sur notre époque, fut acheté pour la Ville dans d'excellentes conditions, à la vente Debrousse, à l'Hôtel des Ventes, en 1900. L'autre, *La Sieste,* acquis à la vente de l'auteur, en 1881, pour 30,555 francs, est une œuvre magistrale, traitée largement, d'une manière grave et profonde. Des bœufs ruminent étendus dans l'herbe, à côté de leurs gardiens somnolents, tandis que toute la campagne s'assoupit sous la bienfaisante emprise du soleil. Un calme reposant, une immense paix des choses émanent de ces simples horizons et de ce paysage si véridiquement et si simplement animé.

Daumier est également bien représenté par trois peintures : *L'amateur d'estampes, Trio d'amateurs, Joueurs d'échecs,* et deux dessins rehaussés : *Drame à la Cour d'assises* et *Chanteur des rues,* qui proviennent du legs Jacquette, en 1899, et qui figurèrent depuis successivement dans le cabinet du Préfet et dans le cabinet du Président du Conseil municipal. Du même legs Jacquette proviennent deux paysages de Jongkind : *Clair de lune* et *Route dans le Nivernais,* de petites dimensions, mais d'une très belle qualité.

Une des compositions les plus considérables exposées dans la galerie de peinture moderne est une toile d'Alphonse de Neuville. *Le four à chaux,* épisode de la bataille de Champigny (2 décembre 1870), dont la venue dans les collections de la Ville est assez curieuse pour être relatée. Ce tableau, qui mesure 9 m. 16 sur 5 m. 46, est un fragment du célèbre panorama de la bataille de Champigny. Deux artistes éminents, MM. de Neuville et Detaille, avaient collaboré à cette composition dont chacun avait exécuté la moitié. Un jour vint où le panorama fut coupé par morceaux et vendu sous cette forme. Un des fragments les plus importants, avec son cadre, avait été engagé au Mont-de-Piété, le 2 août 1898, moyennant un prêt de 9,000 francs. En 1900, le propriétaire de la reconnaissance offrit à la Ville de Paris de lui céder ses droits sur le tableau moyennant le remboursement du prix d'achat de la reconnaissance. M. le Préfet jugea qu'il y avait intérêt pour le futur musée municipal à s'assurer la propriété d'une œuvre d'un mérite reconnu et qui reproduit un épisode de la lutte héroïque dont Champigny a été le

théâtre, les 3o novembre et 2 décembre 1870. Telle fut également
ment l'opinion du Conseil, et le tableau fut acquis pour la somme
de 13,3o5 francs, ainsi répartie :

> 1° Prix de la reconnaissance. . . . . 3,ooo francs.
> 2° Remboursement du prêt. . . . . ··· 9,ooo
> 3° Intérêt de la somme prêtée pour un an par
>   le Mont-de-Piété jusqu'au 2 juillet 1900.   1,3o5

Il faut citer encore, de maîtres disparus : treize esquisses
peintes par Delacroix, acquises pour 4,ooo francs, le 6 mai
1892, à la vente Andrieu, en même temps que cinq autres
peintes par celui-ci, sous la direction de Delacroix. Ces dernières
esquisses, ayant un intérêt particulier pour la Ville, puisqu'elles
avaient trait à la décoration du plafond central du salon de
la Paix, à l'ancien Hôtel de Ville, furent payées à raison de 5o
à 55 francs chacune, prix tout à fait disproportionné avec leur
intérêt. Aux divers salons furent acquis : en 1884, *Le Pont des
Arts,* par Lépine, 2,ooo francs; en 1891, *Chez l'antiquaire,* de
Ribot, 6,ooo francs ; en 1894, *Mesnilval,* de Cazin, 8,ooo francs;
en 1896, *L'Église de Moret le soir,* par Sisley, 4,ooo francs; en
1897, *Coup de vent au Havre,* de Boudin, 1,1oo francs.

La valeur artistique et l'importance notoire de ces tableaux
établissent avec quelle prudence sont utilisés les fonds destinés
par la Ville à l'acquisition d'œuvres d'art.

Deux toiles proviennent du musée Carnavalet : le *Portrait de
Marie Bashkirtseff,* par elle-même, et un *Intérieur d'atelier,* de Vollon.

Parmi les ouvrages d'artistes vivants, trois grandes compositions ayant un caractère religieux avaient été commandées en
1877, pour l'église Saint-Nicolas-des-Champs. Ce sont : *Saint
Vincent de Paul rachète des galériens,* par Bonnat; *Saint Bruno refu-*

FAUST, DE FANTIN-LATOUR

(Cliché Lansiaux)

Imp. Ch. Wittmann

sant les présents du comte Roger, par J.-P. Laurens, et un *Christ Rédempteur,* par Maignan. Ces trois toiles furent retirées de l'église où elles figuraient, pour être envoyées à l'Exposition de 1889, et furent ensuite conservées au dépôt d'Auteuil.

Le caractère à la fois si populaire et si parisien de *La Fête du 14 juillet en 1880 sur la place de la République,* par Roll, en fait une des toiles les plus admirées du Petit Palais. C'est aussi une des plus considérables par les dimensions, puisqu'elle mesure, cadre compris, 7 m. 08 sur 10 m. 38. La Ville ne saurait que se féliciter d'avoir saisi l'occasion qui se présentait à elle d'acquérir de l'État cette superbe page pour une somme tout à fait minime.

Les collections de peinture contiennent, du même artiste, *Exode* (salon de 1894), un admirable portrait d'Alphand, acquis en 1892, et *En été* (salon de 1889), belle et solide impression de féminité épanouie et de lumière heureuse.

D'autres grands noms de l'art pictural contemporain se rencontrent dans les galeries du Palais des Beaux-Arts, et prouvent avec quel éclectisme la 4ᵉ Commission a parcouru les salons depuis vingt-cinq ans. Parmi les morceaux les plus importants, il faut citer l'*Églogue,* de Henner, achetée à la Décennale, en 1900, une des plus magistrales créations du peintre de la chair émue et poétique; deux tableaux d'une couleur attrayante, par Joseph Bail, *Cendrillon* et *Une partie de cartes;* de Rixens, *La Fonderie,* vigoureuse évocation du dur labeur, achetée au salon de 1887; deux beaux poèmes peints, de Fantin-Latour : *Faust* et *Tentation de saint Antoine; L'Hôtel des Invalides,* par Raffaëlli; une belle nudité, par Carrière (legs Armand Renaud); plusieurs tableaux de M. Luigi Loir, qui sont de subtiles notations parisiennes : *Le Marché à la ferraille, Le Tzar à l'Hôtel de Ville* et *Bercy*

17

pendant l'inondation. Dans cette dernière toile, on retrouve la silhouette de personnages connus : Gill, Coquelin cadet, Sarah Bernhardt, etc.

A côté du portrait du colonel Marchand, par Humbert, celui de l'explorateur Foureau, par Lazerges. D'autres effigies sollicitent non moins l'attention : M. Paul Escudier, président du Conseil municipal, par La Gandara; J. Chéret, par Jacques Blanche; du même artiste, une belle étude de femme et d'enfants, intitulée *La Mandarine;* une délicate figure de *Jeune fille,* par Aman-Jean. Cottet, Simon, Désiré Lucas sont produits dans des ouvrages d'une tenue sobre et d'une profond expression; Henry Darien, dans *Les Halles,* peinture vivante et d'une habile exécution. Adler, dans *L'Aube* et dans *La Mine;* Mlle Delasalle, dans *Le Terrassier,* interprètent avec sincérité la vie populaire. En une belle étude acquise à l'Exposition universelle de 1900, Henri Jamet a noté, avec une pénétrante précision, les jeux de lumière d'un *Intérieur de tisserands.* Un important panneau décoratif, d'Armand Point, s'entoure — heureux exemple à suivre — de toutes les esquisses qui ont servi à l'éclosion de l'œuvre. De Gilbert, Guay, Berton, Hochard, Boutigny, Duffaud, des peintures intéressantes à divers titres. Jean Veber mêle à tout cela une note d'une ironie fantaisiste, jointe à une observation aiguë, avec *Trois bons amis.* Quant au paysage, il est brillamment et abondamment représenté par des œuvres de Billotte, Demont, Julien Dupré, Eugène Bourgeois, Lebourg, Guillemet, Ménard, Montenard, Pointelin, Petitjean, Gagliardini, Ten-Cate, Paul Saïn, Rigolot, etc.

On ne peut malheureusement citer ici tous les artistes dont le Petit Palais s'honore de posséder des œuvres. Il suffira d'affirmer que toutes les toiles qui ont été choisies par la Commission méri-

taient cette distinction par des qualités diverses, et que le Musée
du Palais des Beaux-Arts est digne de la grande cité dont il doit
représenter la gloire artistique.

En dehors de la partie de la galerie intérieure consacrée à la
peinture moderne et de la grande nef consacrée à la sculpture,
les collections municipales occupent encore quatre salles.

Dans les trois qui regardent la place de la Concorde, sont
groupés, non plus des œuvres achevées, mais des croquis et des
esquisses. C'est une louable innovation et qui sera certainement
féconde en résultats, que d'exposer ainsi l'embryon des grandes
œuvres, de montrer comment jaillit l'idée chez le créateur,
comment elle se dégage de la pensée en gestation et quel travail
intermédiaire prépare les définitives exécutions.

Un musée n'est pas seulement un réceptacle d'œuvres d'art
ou de curiosités, c'est encore — et surtout peut-être — selon
la façon vraiment moderne de le concevoir, un endroit d'éducation. Or c'est bien l'éducation des jeunes générations de peintres
et de décorateurs, comme aussi l'éducation du public qui s'éla-
bore dans ces trois petites salles aux murs chatoyants. Le public
qui ne cherche qu'à épurer sa compréhension et son goût,
apprend là la signification des vraies œuvres d'art; il voit dans
ces salles combien les plus grands peintres modernes se sont
avant tout préoccupés, dans leurs recherches premières, de
l'équilibre des lignes et des taches, de la justesse des éclairages
d'où naît la sûreté des plans, de la recherche du caractère ou de
la stylisation des formes. C'est au sortir de ces salles que l'homme
du peuple et le bourgeois pourront comprendre de combien les
larges interprétations de la vie, d'un Puvis de Chavannes, par
exemple, sont supérieures aux banals coloriages auxquels ils
réservent trop souvent leur admiration. Cet enseignement ser-

vira, au point de vue général, à faire entrer dans la masse des idées artistiques plus saines et plus élevées.

Quant aux artistes, depuis l'ouverture du Petit Palais, ils ont prouvé par leur assiduité à visiter ces collections d'esquisses, quel intérêt ils trouvent à les étudier sans cesse et à y chercher pour leur propre travail comme un permanent conseil. Il n'est point d'enseignement plus précieux pour les guider dans leurs créations, que le spectacle des plus beaux talents du xix° siècle œuvrant pour ainsi dire devant eux. Le but élevé que se proposait la Municipalité en organisant ces salles de travail a donc été pleinement réalisé.

Voici la disposition qui a été choisie dans la répartition des œuvres dans ces trois salles. Dans la petite salle centrale, située au-dessus de la porte d'entrée de la façade postérieure, ont été réunis des croquis et des études de deux des plus grands créateurs du xix° siècle : Puvis de Chavannes et Eugène Delacroix. D'un côté, les quarante-deux cadres renfermant environ deux cents croquis offerts à la Ville de Paris par la famille de Puvis de Chavannes. De l'autre, des esquisses et dessins de Delacroix et Andrieu, provenant en grande partie de la vente Andrieu, ainsi qu'une autre esquisse de Delacroix, achetée en 1879 à la vente Riesener, pour 1,230 francs, et représentant *Hercule et le sanglier d'Érymanthe,* composition exécutée pour l'ancien Hôtel de Ville.

On voit que le Petit Palais peut servir de lieu d'étude aux décorateurs modernes, auxquels il présente, dans une série de documents importants, comme une histoire de la décoration murale au xix° siècle, depuis les vastes compositions historiques, un peu ternes et froides des Delaroche et des Cogniet, auxquels succédèrent le lyrisme coloré de Delacroix et, plus près de nous, la fougue d'un Chifflart, la belle entente panoramique d'un

LES PREMIÈRES FUNÉRAILLES, DE BARRIAS

MARBRE

(Cliché Lansiaux)

Imp. Ch. Wittmann

de Neuville, les visions populaires mouvementées d'un Roll, jusqu'aux travaux préparatoires du plus grand peintre décorateur de notre école française, de Puvis de Chavannes, dont tant de monuments, embellis et rehaussés par son génie, affirment la gloire immortelle.

Cette série d'œuvres se complète admirablement par les maquettes exposées dans les deux salles contiguës à la salle des Puvis de Chavannes et des Delacroix. Dans l'une ont été groupées toutes les esquisses qui ont servi à la décoration picturale de l'Hôtel de Ville de Paris. Dans l'autre, celles qui proviennent des commandes ou des concours faits en vue d'embellir les édifices religieux et civils de Paris et du département de la Seine.

On remarque particulièrement, dans la salle de l'Hôtel de Ville, les études de Puvis de Chavannes, Besnard, Carrière, Henri Martin, Benjamin-Constant, Bonnat, Detaille, J.-P. Laurens, Picard, Binet, Français, Raffaëlli, John Lewis Brown, Pelouse, Gervex, Roll, Cormon, Lerolle, Galland, Bonis, etc.

En sus des travaux se rapportant à la décoration actuelle de l'édifice municipal, on a exposé quelques esquisses des peintures qui ornaient l'ancien Hôtel de Ville, telles les premières idées de Léon Cogniet pour la décoration de la salle du Zodiaque (don de Mme veuve Léon Cogniet) ou d'autres maquettes d'œuvres non exécutées, notamment un projet d'Élie Delaunay pour le plafond de l'escalier d'honneur.

Dans la salle des mairies et édifices civils et religieux, on remarque principalement les toiles de Gervex et Blanchon, Besnard, H. Martin, Chabas, P. Vauthier, Séon, H. Lévy, Chartran, Darien, et quelques maquettes de tableaux sacrés commandés autrefois par la Ville, pour des églises. Quelques-uns de ces tableaux ont d'ailleurs été repris par le Service des Beaux-Arts, ainsi que nous l'avons expliqué. Parmi eux se trouvent *Saint Bruno refusant les présents du comte Roger* et le *Christ Rédempteur*, de Maignan, dont les originaux grandeur d'exécution se trouvent dans la grande galerie de peinture et dont le Petit Palais possède ainsi deux états qui permettent de comparer l'œuvre à sa genèse et à sa période d'achèvement.

La dernière salle affectée aux collections municipales est accaparée en partie par des peintures qui n'ont pu trouver place dans la galerie intérieure, comme les quelques tableaux du legs Armand Renaud, par exemple. Les murs qui restaient libres ont été pris par l'exposition : 1° des gravures et des lithographies commandées par la Ville ; 2° des dessins fournis par les graveurs et dont la juxtaposition avec les œuvres au burin et à l'eau-forte est un précieux enseignement pour les artistes et pour le public.

A côté des belles estampes de Marcellin Desboutin, Bracquemond, Lefort, Maurou, Mordant, Deblois, Barbotin, Le Couteux, Jacquet, Buland, Waltner, Bahuet, Gottlob, Van de Put et d'autres, on a placé quelques dessins superbes : *Une académie d'homme* et des *Enfants allumant des flambeaux*, de Prud'hon, dons du directeur du lycée Chaptal ; quelques Renouard d'un effet pittoresque et enfin deux Daumier et deux Chifflart, puissants et magistraux, dont il a déjà été question plus haut.

A l'une des extrémités de cette salle, *Le Parnasse*, l'œuvre de M. Armand Point, déjà citée, au milieu des remarquables études de dessin qui ont précédé l'éclosion du tableau.

C'est également cette galerie nord qui abrite une vitrine renfermant les médailles commandées au cours du dernier siècle par la Ville de Paris et le département de la Seine à des médailleurs renommés : Galle, Barre, Oudiné, Ponscarme, Borel,

Roty, Chaplain, Bottée, Alphée Dubois, Daniel Dupuis, Pru-
d'homme, etc.

On peut apprécier par ce qui précède la valeur des collections artistiques de la Ville de Paris. Malgré l'état embryonnaire
du nouveau musée, il peut figurer, sans désobligeantes comparai-
sons, à côté des autres musées de Paris, et la faveur continue du
public consacre le succès du premier jour. L'action successive
des quatrièmes commissions du Conseil s'est donc montrée à
la hauteur des encouragements que méritait l'admirable et in-
cessant effort artistique de Paris.

ANNEXE N° 1.

CONCOURS

POUR

LA CONSTRUCTION DES PALAIS DES CHAMPS-ÉLYSÉES.

PROJET DE PROGRAMME.

Art. 1er. Il est ouvert un concours public pour les projets de construction des deux palais à édifier aux Champs-Élysées en remplacement du Palais de l'Industrie et des pavillons de la Ville de Paris.

Art. 2. Les concurrents devront se faire inscrire au Commissariat général de l'Exposition universelle de 1900, avenue de La Bourdonnais, 26, où leurs demandes seront reçues à partir du 25 avril 1896, tous les jours non fériés, de 10 heures à midi et de 2 heures à 4 heures. Ces demandes d'inscription pourront être faites par lettre adressée au Commissaire général.

Il sera délivré aux concurrents inscrits :

1° Un exemplaire du présent programme ;

2° Un plan général de l'emplacement à l'échelle de 2 millimètres par mètre.

Art. 3. Le plan général annexé au présent programme indique les limites des emprises de terrains autorisées pour chacun des deux palais à construire. Ces limites ont été tracées de manière à répondre aux données du projet d'ensemble de l'Exposition et à ménager la conservation en place des beaux arbres existant dans la région.

Les concurrents devront s'y renfermer. Mais, sous cette réserve et sous les conditions définies à l'article 7, les contours, les formes, la distribution et les dimensions des constructions sont laissés à leur entière initiative.

Art. 4. Le concours et le jugement porteront séparément sur chacun des deux palais. Par suite, les concurrents seront libres de ne développer que l'un ou l'autre des édifices. Mais ils devront, dans tous les cas, produire le plan d'ensemble des deux constructions, avec les jardins, plantations, massifs de verdure, parterres, pièces d'eau et motifs divers concourant à l'effet décoratif de cette partie de l'Exposition.

18

Art. 5. Les concurrents prendront pour base de la distribution intérieure des deux palais les conditions prévues à l'article 7.

Pour les dispositions extérieures, ils auront à tenir compte de la promenade nouvelle projetée entre l'avenue des Champs-Élysées et l'esplanade des Invalides, et s'attacheront à conserver les arbres et plantations dont l'enlèvement, même temporaire, ne serait pas absolument indispensable.

Art. 6. Toute latitude est laissée aux concurrents pour le choix des éléments constitutifs du palais. Mais ils ne perdront pas de vue que ces édifices, établis à titre définitif, exigent des matériaux solides et durables, comportent un aspect monumental approprié à la destination du palais des beaux-arts et appellent une décoration en rapport avec l'emplacement qui leur est assigné.

Art. 7. Les deux palais recevront en 1900 et après cette date les affectations suivantes et devront satisfaire aux conditions déterminées par le présent article :

Grand palais. — Pendant l'Exposition universelle de 1900, le grand palais sera attribué à l'exposition contemporaine et à l'exposition centennale des œuvres d'art (peintures, cartons, dessins; gravure et lithographie; sculpture et gravure en médailles et sur pierres fines; architecture), ainsi qu'à l'enseignement spécial artistique. L'exposition centennale comprendra une série de salons où seront groupés les chefs-d'œuvre des beaux-arts et ceux des arts décoratifs aux époques caractéristiques du siècle. Les surfaces disponibles au rez-de-chaussée et à l'étage s'élèveront ensemble à 40,000 mètres carrés au minimum.

Postérieurement à 1900, le palais principal, affecté aux salons annuels des beaux-arts, pourra, en outre, servir aux concours agricole et horticole, au concours hippique, ainsi qu'aux expositions, fêtes ou concours divers. Il devra contenir une salle de concert et d'auditions musicales.

Pour les salons annuels, les salles d'exposition seront étudiées en vue de leur affectation spéciale à la peinture, aux dessins, à la gravure, à la sculpture, à l'architecture, et présenteront les conditions d'éclairage appropriées à leur destination.

Il y aura lieu de prévoir les services généraux tels que : vestibules d'entrée et de dégagements, escaliers d'accès aux étages, galeries-promenoirs, emplacement pour le buffet-restaurant, salles pour photographie de tableaux, pour réunions de jury et de commissions, bureaux pour l'administration, locaux pour commissariat, poste de police et poste de sapeurs-pompiers et douane, vestiaires, logements du conservateur et du gardien-chef, concierges, cabinets d'aisances et urinoirs, magasins ou dépôts, etc.

Les services administratifs, ainsi que les logements, pourront occuper les parties d'étages d'entresol ou d'attique.

Petit palais. — Pendant l'année 1900, le petit palais recevra l'exposition rétrospective de l'art français. Les surfaces disponibles au rez-de-chaussée et à l'étage s'élèveront ensemble à 7,000 mètres au minimum.

A partir de 1901, ce palais sera approprié à destination de musée d'œuvres d'art, avec salles pour expositions temporaires, concours ou examens, pièces pour réunions de jury ou de commissions, magasin ou dépôt et quelques services généraux tels que : logements de conservateur, de gardien-concierge, le tout indépendamment des vestibules d'entrée, dégagements, esaaliers, cabinets d'aisances, etc.

Grand et petit palais. — D'une manière générale, on devra s'attacher, pour l'un et l'autre palais, à trouver la plus grande surface possible de locaux utilisables dans les emplacements prévus, avec les meilleures conditions de distribution, d'éclairage et d'aérage.

Le relief des bâtiments devra être déterminé de manière à ne pas altérer les grands effets de vues vers l'ouest de Paris.

Art. 8. Tous les concurrents, indistinctement, devront fournir un plan général d'ensemble des deux palais, ainsi que des abords, conformément aux indications de l'article 4 ci-devant, à l'échelle de 2 millimètres par mètre.

Et, séparément, pour le ou les palais qu'ils présenteront au concours :

Les plans du rez-de-chaussée et des étages par ensemble ou par fragments, à l'échelle de 5 millimètres par mètre ;

Une coupe longitudinale et une coupe transversale, à l'échelle de 5 millimètres par mètre ;

La façade principale sur la nouvelle avenue, à l'échelle de 1 centimètre par mètre ;

Une façade latérale, à l'échelle de 5 millimètres par mètre ;

La façade postérieure, à l'échelle de 5 millimètres par mètre ;

Une note explicative sur les dispositions proposées, le mode de construction adopté, etc. ;

Une évaluation de la dépense, calculée au mètre superficiel ou cubique, pour les palais seulement, étant spécifié que les chiffres de 16 millions pour le grand palais et de 4 millions pour le petit doivent être considérés comme chiffres maxima y compris la décoration.

Les dépenses de viabilité, plantations et décoration des abords restent en dehors du concours.

Nota. — Si le même concurrent développe et présente les deux projets, il n'aura qu'un plan d'ensemble à produire.

18.

Art. 9. Chaque concurrent devra, en outre, fournir en même temps que son ou ses projets :

1° Un acte établissant sa qualité de Français ;

2° Un bordereau en double expédition des pièces déposées.

Art. 10. Aux pièces obligatoires ci-dessus désignées, les concurrents pourront joindre, s'ils le jugent à propos, le développement d'une partie spéciale de leur projet à une échelle *ad libitum* ou une vue perspective, mais sur une feuille unique ne dépassant pas le format grand aigle.

En dehors de cette feuille facultative, tous les documents non prévus à la nomenclature des articles 8 et 9 qui précèdent, tous les dessins établis à des échelles ou dans des dimensions différentes, seront considérés comme non avenus et dès lors refusés ou supprimés du dossier soumis à l'examen du jury.

Art. 11. Les concurrents seront libres de signer leurs projets ou de les présenter sous le couvert de l'anonymat.

Dans le premier cas, le bordereau des pièces produites indiquera les nom, prénoms et adresse de l'auteur.

Dans le second cas, les pièces porteront une devise qui sera reproduite sur une enveloppe cachetée renfermant l'indication des nom, prénoms et adresse de son auteur, ainsi que la justification de sa nationalité.

Cette pièce ne sera rendue publique qu'au cas de prime accordée au projet.

Art. 12. Les projets devront être déposés les 3 et 4 juillet 1896, de 10 heures du matin à 4 heures du soir, au Palais de l'Industrie (porte 5) ou dans tout autre local qui serait ultérieurement désigné.

Passé ce délai, il ne sera plus reçu aucun projet ni aucune pièce quelconque.

Les dessins seront, autant que possible, remis tendus sur châssis.

Art. 13. Les dessins des projets seront publiquement exposés et soumis à un jury de 47 membres, composé comme suit :

Le Ministre du commerce, de l'industrie, des postes et des télégraphes, *président* ;

Le Commissaire général de l'Exposition, *vice-président* ;

Le directeur général de l'exploitation de l'Exposition ;

Le directeur général adjoint de l'exploitation de l'Exposition ;

Le directeur des services de la voirie, des parcs et jardins et de l'éclairage de l'Exposition ;

Le directeur des services d'architecture de l'Exposition ;

Le directeur des finances de l'Exposition;

Le secrétaire général de l'Exposition;

Le directeur des beaux-arts;

Le directeur de l'agriculture;

Le conseiller d'État chargé du service des colonies;

Le président de l'Académie des beaux-arts;

Le président de la Société des artistes français et l'un des vice-présidents (un peintre et un sculpteur);

Le président de la Société nationale des beaux-arts et l'un des vice-présidents (un peintre et un sculpteur);

Le président de la Société centrale des architectes français;

Le président de la Société hippique française;

Huit membres nommés par le Ministre du commerce, de l'industrie, des postes et des télégraphes;

Le Préfet de la Seine;

Huit membres désignés par le Conseil municipal de Paris;

Douze membres élus par les concurrents qui auront signé leur projet ou renoncé à l'anonymat avant l'ouverture du scrutin.

ART. 14. L'élection des membres du jury à nommer par les concurrents aura lieu au scrutin secret, après le dépôt des projets, dans une assemblée qui sera présidée par le Commissaire général, assisté du directeur des services de la voirie et du directeur des services d'architecture.

Les concurrents devront personnellement assister à cette réunion.

Pour prendre part au scrutin, ils auront à produire le récépissé de leur projet, délivré par l'Administration, ainsi que les pièces constatant leur identité, et à apposer leur signature sur un registre ouvert à cet effet.

Le dépôt de deux ou plusieurs projets par le même auteur ne donnera droit qu'à une seule voix.

Aucun des concurrents dont l'inscription sera devenue définitive par le dépôt d'un projet ne pourra être élu. Les mesures suivantes seront prises pour assurer l'observation de cette règle:

1° Aussitôt après la clôture du dépôt des projets, une liste des concurrents qui auront signé leur projet sera affichée à l'entrée de la salle de vote;

2° Tout auteur de projet présenté sous le couvert de l'anonymat devra, en présentant ce projet, y joindre, sous enveloppe cachetée, un bulletin faisant connaître, sans référence à la devise et sans aucune autre indication, son nom au Commissaire général, qui le tiendra secret mais déclarera le concurrent inéligible dans le cas où il serait porté sur les bulletins de vote, obtiendrait la majorité requise et ne se récuserait pas lors de la proclamation des résultats du scrutin.

Nul ne sera élu au premier tour s'il ne réunit :

1° La majorité absolue des suffrages exprimés ;

2° Un nombre de suffrages égal au quart du nombre des électeurs inscrits.

Au deuxième tour, la majorité relative des votants suffira. En cas d'égalité de suffrages, le plus âgé des candidats sera élu.

En outre des douze jurés titulaires, il sera retenu à la suite quatre membres supplémentaires pour le cas où il y aurait lieu de procéder au remplacement des premiers élus. Ce remplacement n'aura lieu que pour la catégorie des membres à nommer par les concurrents.

ART. 15. Il pourra être alloué par décision du jury les primes suivantes :

POUR LE PROJET DU GRAND PALAIS :	POUR LE PROJET DU PETIT PALAIS :
Une 1re prime, de 15,000 francs.	Une 1re prime, de 5,000 francs.
Une 2e prime, de 12,000 francs.	Une 2e prime, de 4,000 francs.
Une 3e prime, de 8,000 francs.	Une 3e prime, de 3,000 francs.
Une 4e prime, de 6,000 francs.	Une 4e prime, de 2,000 francs.
Une 5e prime, de 4,000 francs.	Une 5e prime, de 1,000 francs.
Total : 45,000 francs.	Total : 15,000 francs.

ART. 16. Le rapport des opérations du jury sera imprimé et publié.

L'exposition publique se prolongera pendant huit jours après le jugement.

ART. 17. Les projets primés deviendront la propriété de l'Administration, qui aura la faculté d'en disposer à son gré et d'y puiser les éléments à sa convenance.

ART. 18. Bien que l'Administration réserve sa liberté d'action pour la solution de toutes les questions relatives soit à l'étude des projets définitifs, soit à la direction et à l'exécution des travaux, elle s'inspirera de l'avis du jury, qui aura, en conséquence, à examiner, pour chaque palais, s'il y a lieu de proposer l'exécution du projet classé en première ligne et à en poursuivre la réalisation avec le concours de son auteur.

Dans tous les cas, le jury indiquera les observations auxquelles aura donné lieu l'examen de ces projets et signalera les modifications qu'il conviendrait d'y apporter.

ART. 19. Après la clôture de l'exposition publique, un délai de huit jours sera donné aux concurrents pour retirer les projets non primés.

Passé ce délai, l'Administration déclinera toute responsabilité en cas de détérioration ou de perte des objets.

ANNEXE N° 2.

ÉTAT DES ŒUVRES

EXPOSÉES DANS LES COLLECTIONS MUNICIPALES

DU PALAIS DES BEAUX-ARTS DE LA VILLE DE PARIS

LORS DE L'INAUGURATION.

PEINTURE.

TABLEAUX.

ADLER. *Au pays de la mine.*
— *L'aube.*
ALLÈGRE. *Marseille.*
AMAN (Jean). Portrait de jeune fille.
BAIL (J.). *Cendrillon.*
— *Une partie de cartes.*
BASHKIRTSEFF (Marie). Portrait de l'artiste.
BAUDOUIN (P.). *Les bûcherons* (étude; legs Renaud.)
BELLAN. *L'angelus.*
BENNER. Étude (legs Renaud).
BERTON (A.). *En Vénus.*
BILLOTTE. *Fortifications.*
BIVA. *Le matin à Villeneuve.*
BLANCHE (J.). Portrait de J. Chéret.
BOILLY (Léopold). *Distribution de vins et de comestibles aux Champs-Élysées en 1822.*
BONNAT. *Saint Vincent de Paul chez les galériens.*
BOUDIN. *Coup de vent au Havre.*
BOURGEOIS (E.). *Lever de lune sur les hauts plateaux.*
— Étude (legs Renaud).

BOURGUIGNON. Deux tableaux de bataille (legs Renaud).
BRAMTOT (E.). Étude (legs Renaud).
BOUTIGNY. *Un brave.*
BOUVET (H.). *Le soir.*
BULAND. *Procession.*
CABANES. *Caravane dans le désert.*
CARRIER-BELLEUSE. *Tendre aveu.*
CARRIÈRE. Étude (legs Renaud).
CAZIN. *Mesnilval.*
CHASSÉRIAU (Th.). *Hémicycle de l'église Saint-Philippe-du-Roule.*
CHIFFLART. *La bataille de Cannes.*
— *Berger à cheval dans la campagne de Rome.*
CLAIRIN. Étude (legs Renaud).
COGNIET (Léon). *Saint Étienne portant des secours à une femme pauvre.*
COGNIET (Léon) et JOHANNOT (Tony). *Bailly proclamé maire de Paris.*
COLIN. Étude (legs Renaud).
COTTET. *Messe basse en Bretagne.*
COURBET. *La sieste.*
— *Proudhon et ses enfants.*

Damoye. *Étude* (legs Renaud).

Dardoize. *Paysage.*

Darien. *Les halles.*

Daumier. *L'amateur d'estampes* (legs Jacquette).

— *Trio d'amateurs* (legs Jacquette).

— *Joueurs d'échecs* (legs Jacquette).

Delaroche (Paul). *Les vainqueurs de la Bastille le 14 juillet 1789.*

Delasalle (Mlle). *Terrassier.*

Demont (Adrien). *Plage du Nord.*

Demont-Breton (Mme). *Dans l'eau bleue.*

Désiré-Lucas. *A midi chez les paysans.*

Didier-Pouget. *La lande aux bruyères.*

Duffaud. *Pastorale.*

— *Les Anglais en Irlande.*

Dupré (Julien). *La traite.*

Duval-Gozlan. *A l'ombre.*

Fantin-Latour. *Faust.*

— *Tentation de saint Antoine.*

Flameng (A.). *Marée basse.*

Fouace. *Coup double.*

Friant. *Souvenir.*

Gagliardini. *Fontaine du cours.*

— *Au pays des ocres.*

— *Étude* (legs Renaud).

Gautier (A.). *La folle* (legs Jacquette).

Gilbert (René). *Atelier de teinture aux Gobelins.*

Gillot. *Le pont Corneille.*

Guays. *Les grives.*

Gueldry. *Les meuleurs.*

Guignard. *Entrée de troupeaux à Paris.*

Guillemet. *Paris vu des hauteurs de Belleville.*

— *Quai de Bercy.*

— *La Seine à Conflans-Charenton.*

— *Chaumières* (étude; legs Renaud).

— *Barfleur* (étude; legs Renaud).

Henner. *Églogue.*

Herpin. *Paris vu du Pont-Neuf en 1878.*

Hochard. *Bourgeois de petite ville.*

Houbron. *Notre-Dame.*

Hubert-Robert. *Vénus de Médicis.*

— *Hercule Farnèse.*

Humbert. *Portrait du colonel Marchand.*

Ibels. *Paysanne couchée* (pastel).

Iwill. *Effet de neige* (pastel).

— *Fin de jour à Chennevières.*

Jamet (Henri). *Famille de tisserands.*

Jeanniot. *La présentation.*

Jongkind. *Clair de lune* (legs Jacquette).

— *Route dans le Nivernais* (legs Jacquette).

Karl-Cartier. *En retard.*

La Gandara. *Portrait de M. Paul Escudier, président du Conseil municipal.*

Laurens (J.-P.). *Saint Bruno refuse les présents du comte Roger.*

— *Proclamation de la République en 1848.*

Lazerges. *Portrait de Foureau.*

Lebourg. *Temps de pluie.*

— *Notre-Dame de Paris* (effet de neige).

Lépine. *Le pont des Saints-Pères.*

Lévy (H.). *Étude* (legs Renaud).

Loir (Luigi). *Bercy pendant l'inondation.*

— *Marché à la ferraille.*

— *Le Tsar à l'Hôtel de Ville.*

Maignan. *Christ rédempteur.*

Ménard. *Terre antique.*

Montenard. *Les arènes d'Arles.*

Morlot. *Le soir.*

De Neuville. *Le four à chaux.*

Pelouse. *Paysage.*

Petitjean. *Village de Sudmont.*

— *Le pont de Rochereuille.*

Point (Armand). *Le Parnasse.*

Pointelin. *Le haut Jura.*

Prévot-Valeri. *Débordement du Morin.*

Princeteau. *Le retour.*

Puvis de Chavannes. *Baigneuse* (legs Renaud).

Raffaëlli. *Hôtel des Invalides.*

Rapin. *Étude* (legs Renaud).

Restout. *Naissance de la Vierge.*
Ribot. *Chez l'antiquaire.*
Rigolot. *Fin de jour en octobre.*
— *Carrières de Saint-Maximin.*
Rivey. Étude (legs Renaud).
Rixens. *La fonderie.*
Roll. *Exode.*
— *En été.*
— Portrait d'Alphand.
— *Le 14 juillet.*
Carl Rosa. *En décembre.*
Saïn (Paul). *Crépuscule en Normandie.*
Schommer. Étude (legs Renaud).
Sergent. *Gaîment.*
Simon (Lucien). *En visite.*

Sisley. *Église de Moret le soir.*
Tanoux. *Trois épaves.*
— *Le chaudronnier.*
Tanzy. *Saint-Cucufa.*
Tattegrain. *Sauvetage en mer.*
Ten Cate. *Vue de Paris prise à Montmartre.*
Tournès (E.). *Le bain de pieds.*
Truchet. *Soirée d'esthètes.*
Vauthier (P.). *Le port Henri IV.*
Veber (Jean). *Trois bons amis.*
Weertz. Portrait d'Armand Renaud (legs Renaud).
Vliegers (Simon de). Tableau de marine (legs Renaud).
Vollon. *Coin d'atelier.*

ESQUISSES.

ESQUISSES POUR LA DÉCORATION DE L'HÔTEL DE VILLE.

Barau. *L'île de la Grande-Jatte.*
Baudouin. *Le soir à Paris.*
Bellel. *Vue de Champigny.*
Benjamin-Constant. Projet pour le plafond central de la salle des fêtes.
— Même plafond ; projet non exécuté.
Bernier. *Paysage.*
Berteaux. *Soir de fête nationale.*
Berthelon. *L'île Saint-Denis.*
Berton (A.). *L'eau.*
Bertrand (G.). Décoration de la salle à manger de l'Hôtel de Ville (11 esquisses).
Besnard. Plafonds pour le salon des Sciences (3 esquisses).
Billotte. *Le pont de Solférino.*
Binet (A.). *Le siège de Paris* (4 cadres).
Binet (Victor). *La place du Châtelet.*
Blanchon. Panneau décoratif pour la galerie Lobau.

Bonis et Mouré. Salons d'introduction de la salle des fêtes (3 cadres).
Bonnat. *Le Triomphe de l'Art.*
Bourgeois (U.). Le salon des Lettres (2 cadres).
Breton (Émile). *Le bois de Chaville.*
Brown (John Lewis). *Champ de courses de Longchamps.*
Buland. *La Terre.*
Busson. *Paris vu de Meudon.*
Callot (G.). *La Philosophie.*
Carrière (E.). Écoinçons pour le salon des Sciences (6 toiles).
Cesbron. *Fleurs.*
Charnoy. *Paris vu des hauteurs de Passy.*
Chartran. Salon des Arts (12 écoinçons en 3 cadres).
Clairin. *Fête au bord de l'eau.*
Colin (G.). *Bords de la Seine, le dimanche, au Bas-Meudon.*
Collin (Raphael). *La Poésie.*

Cogniet (Léon). Trois esquisses de plafonds pour l'ancien Hôtel de Ville.

Cormon. *Histoire de l'écriture* (2 esquisses).

Dagnan-Bouveret. *La Peinture.*

Damoye. *L'île de Billancourt.*

Delaunay. Plafond non exécuté pour l'escalier d'honneur.

Demont (A.). *Le square Cluny.*

Detaille. *Retour de la campagne de 1807.*

— *Les enrôlements volontaires en 1792.*

Duez. *L'Électricité.*

— *La Botanique.*

Ehrmann. Voussures pour la salle des fêtes (6 esquisses en 3 toiles).

Eliot (Maurice). Plafond pour la bibliothèque du Conseil municipal (non exécuté).

Ferrier (Gabriel). *Les fleurs.*

— *Les fruits.*

Français. *Bougival et l'aqueduc de Marly.*

Galland. Décoration de la galerie du salon à arcades (26 cartons).

Gervex. *La Musique* (salle des fêtes).

— *Idem.* Autre projet (legs Renaud).

Glaize. Frises pour le salon des Arts (4 esquisses).

Gosselin. *La Bièvre.*

Guillemet. *La Fontaine de Médicis.*

Hanoteau. *Paysage.*

Harpignies. *Le Luxembourg.*

Humbert. Voussures du plafond de la salle des fêtes (6 esquisses en 2 cadres).

Jeannin. *Fleurs.*

Jeanniot. *L'Air.*

Pierre Lagarde. *Le lac du bois de Boulogne.*

Lansyer. *Place de la Concorde.*

Lapostolet. *Le port Saint-Nicolas.*

Laurens (J.-P.). Décoration du salon Lobau (3 esquisses).

— Fragment de l'étude pour la voûte d'acier (legs Renaud).

Layraud. *La Sculpture.*

Lefebvre (J.). Plafond du salon des arcades (3 esquisses en un cadre).

Leliepvre. *Le Luxembourg.*

Lépine. Salon à arcades : *Le bras de la Seine au Pont-Neuf.*

Lerolle. *Le couronnement de la Science.*

— *La recherche de la Science.*

Leroux (H.). *L'Éloquence.*

Lhermitte. *Les halles.*

Loir (Luigi). *Rue du Val-de-Grâce.*

Maignan (A.). Salon des Lettres (2 esquisses).

Martin (H.). Cinq esquisses dont plusieurs écoinçons et un plafond (5 cadres).

— Projet pour un plafond de la bibliothèque du Conseil municipal (non exécuté).

Michel (E.). *L'étang de Meudon.*

Milliet (P.). *Le comté de Nice.*

— *La Normandie.*

Monginot. *Fleurs.*

Montenard. *Le bassin des Tuileries.*

Morot (A.). Salle des fêtes : plafond.

Pelouse. *Paysage.*

Picard. Décoration de la galerie Lobau (5 cadres).

Pointelin. *Parc de Montsouris.*

Prouvé. Projet non exécuté pour la salle à manger de l'Hôtel de Ville.

Puvis de Chavannes. Décoration de l'escalier d'honneur.

— *L'Hiver.*

— Écoinçons.

— *L'Été.*

Quost. *Fleurs.*

Raffaelli. *La Plaine-Saint-Denis.*

Rapin. *Paysage sous bois* (non exécuté).

Rieseker. Plafond pour l'ancien Hôtel de Ville.

Rixens. *Le Feu.*

Robert-Fleury. *L'Architecture.*
Roll. *Les joies de la vie.*
Saintin. *Carrières d'Arcueil.*
Tattegrain. *Entrée de Louis XI à Paris.*
Thirion. *L'Histoire.*

Vauthier (P.). *Le bassin de l'Arsenal.*
Vayson. *Le Jardin d'acclimatation.*
Weertz. Deux écoinçons.
Yvon. *Les îles du Bas-Meudon.*
Zuber. *Le boulevard des Invalides.*

ESQUISSES POUR LA DÉCORATION DES MAIRIES ET ÉDIFICES CIVILS ET RELIGIEUX
DE LA VILLE DE PARIS ET DU DÉPARTEMENT DE LA SEINE.

Arus. Décoration de la mairie d'Alfort-
ville.
Benjamin-Constant. Vierge pour l'église de
Clichy.
Becker. *Saint Joseph et Jésus* pour Saint-
Louis-d'Antin.
Besnard (A.). Mairie du Ier arrondissement
(3 esquisses).
— Projets non exécutés pour la mairie du
IVe arrondissement (3 cadres).
— Projets non exécutés pour la mairie du
XIXe arrondissement (7 esquisses).
Bonnat. Décoration du Palais de Justice
(8 esquisses).
Bourgeois (E.). Mairie de Bagneux.
Bourgonnier. Mairie de Montreuil-sous-Bois
(4 cadres).
Chabas. Mairie de Vincennes (2 cadres).
— Mairie du XIVe arrondissement (3 es-
quisses).
Chartran. Chœur de l'église de Champigny-
sur-Marne.
— Mairie de Montrouge (3 esquisses).
— Projets non exécutés pour la mairie de
Courbevoie (3 cadres).
Comerre. Mairie du IVe arrondissement
(4 esquisses).
Cormon. Mairie du IVe arrondissement : pla-
fond).
Dagnan-Bouveret. Tableau pour l'église de
Bagneux.

Darien. Projets non exécutés pour la mairie
d'Asnières (3 cadres).
Delance (P.). Deux esquisses pour le Tribu-
nal de commerce.
Ferry (J.). Mairie de Suresnes (2 esquisses).
Gervex et Blanchon. Mairie du XIXe arron-
dissement (5 esquisses).
Gorguet et Courtois. Projet non exécuté
pour la mairie de Montreuil-sous-
Bois.
Humbert et Lagarde. Mairie du XVe arron-
dissement (2 esquisses).
Karbowsky. Mairie de Nogent-sur-Marne
(2 esquisses).
Lançon (Michel). Mairie de Suresnes (2 es-
quisses).
Laurens (J.-P.). *Saint Bruno* pour l'église
Saint-Nicolas-des-Champs.
Lematte. Mairie du XIIIe arrondissement.
Lévy (H.). Mairie de Pantin.
— Mairie du VIe arrondissement.
— Projets non exécutés pour la mairie de
Pantin (2 esquisses).
Maignan (A.). *Le Christ rédempteur*, pour
l'église Saint-Nicolas-des-Champs.
Maillart (D.-U.-N.). Mairie du IIIe arrondis-
sement (2 esquisses).
Martin (H.). Projets non exécutés pour la
mairie de Montreuil-sous-Bois (4 es
quisses).
Menu (V.). Mairie de Bourg-la-Reine.

Moreau de Tours. Mairie du 11e arrondisse-
ment (2 esquisses).
Prouvé. Mairie d'Issy-les-Moulineaux.
Rachou. Projets non exécutés pour la mairie
de Bagnolet (3 cadres).
Roussel (G.). Mairie de Charenton.
Schmidt. Mairie de Montrouge (2 esquisses).

Schommer. Mairie de Pantin (3 esquisses).
Séon. Mairie de Courbevoie (2 esquisses).
Simas. Projets de décoration pour la mairie
de Créteil (4 esquisses).
Thirion. Mairie du 12e arrondissement.
Vauthier (P.). Mairie de Bagnolet (4 es-
quisses).

ESQUISSES ET DESSINS D'EUGÈNE DELACROIX ET ANDRIEU.

Andrieu (d'après Delacroix). Plafond cen-
tral pour le salon de la Paix (ancien
Hôtel de Ville).
— Quatre panneaux de plafond pour le
salon de la Paix (ancien Hôtel de
Ville).

Delacroix (Eugène) et Andrieu. Quinze esquisses peintes pour le salon de la
Paix (ancien Hôtel de Ville).
Delacroix (Eugène). *Attila détruisant l'Italie
et les Arts* (legs Renaud).
— Neuf dessins pour la décoration du salon
de la Paix (ancien Hôtel de Ville).

DESSINS.

Bahuet. *Rembrandt âgé*, d'après le portrait
du Louvre.
Barbotin. *La Musique*, d'après Gervex.
Bonnencontre. *Le cauchemar* (10 sanguines).
Bracquemond. *Boissy d'Anglas présidant la
Convention*, d'après Delacroix.
Chifflart. *Faust au combat.*
— *Faust au sabbat.*
Cogniet (L.). *Le Tintoret pleurant sa fille
morte* (don de Mme L. Cogniet).
Daumier. *Le joueur d'orgue* (legs Jacquette).
— *Au Palais de Justice* (legs Jacquette).
Deblois. *Défense de Pantin* (2 dessins),
d'après Schommer.
— *Entrée de Louis XI à Paris*, d'après Talle-
grain.
Fraipont. *Le Feu*, d'après Rixens.
Jacquet. *Le Triomphe de l'Art*, d'après Bonnat.
— *L'ex-voto*, d'après Largillière.

Mallet. *La Seine près de Jumièges*, d'après
Pelouse.
Morand. *Scènes d'hôpital* (16 dessins).
Mordant. *Apothéose des Sciences*, d'après
Besnard.
Point (Armand). *Le Parnasse* (1 fusain ori-
ginal et 12 études).
Prud'hon. *Enfants allumant des flambeaux.*
— *Académie d'homme.*
Poynot (Mlle). *Poésie*, d'après Raphaël Collin.
Puvis de Chavannes. Quarante-deux cadres
de croquis divers (don de la famille).
Rexouard. Trois dessins rehaussés.
Salmon. *Le mot d'ordre*, d'après Leleux.
Toussaint. *Le Luxembourg*, d'après Harpi-
gnies.
Waltner. *Victor Hugo offrant sa lyre à la
Ville de Paris*, d'après Puvis de Cha-
vannes.

GRAVURES ET LITHOGRAPHIES.

Bahuet. Portrait de Rembrandt, d'après le portrait du Louvre.

— *Faust au combat*, d'après Chifflart.

— *Faust au sabbat*, d'après Chifflart.

Barbotin. *La Musique*, d'après Gervex.

Boutelié. *Le sacrifice à la Patrie*, d'après Moreau de Tours.

— *La Famille*, d'après Moreau de Tours.

Bracquemond. *Boissy d'Anglas présidant la Convention (1er prairial an III)*, d'après Delacroix.

Buland. Plafond, d'après G. Picard.

Champollion. *La voûte d'acier*, d'après J.-P. Laurens.

Deblois. *La défense de Pantin*, d'après Schommer (2 gravures).

— *Entrée de Louis XI à Paris*, d'après Tattegrain.

Desboutin (Marcellin). *La femme au chat.*

Didier. *La Sagesse et la Vérité descendant sur la terre*, d'après Prud'hon.

Dupont. *Vénus au bain*, d'après Antonin Mercié.

Fraipont. *Le Feu*, d'après Rixens.

Gottlob. *Les derniers Camisards.*

Gravier. *La Marne au pont de Champigny*, d'après Bellel.

Greux. *Hymne de la Terre au Soleil*, d'après G. Bertrand.

Haussoulier. *Le Mariage*, d'après Boulanger.

Jacquet (Jules). *L'ex-voto*, d'après Largillière.

— *La défense de Paris*, d'après Barrias.

— *Le Triomphe de l'Art*, d'après Bonnat.

Laguillermie. *Étienne Marcel organise la défense de Paris.*

— *Étienne Marcel refuse de délibérer devant le clergé et la noblesse.*

— *Proclamation de la grande ordonnance.*

— *Mort d'Étienne Marcel.*

Le Couteux. *Les halles*, d'après Lhermitte.

Lefort. *La sieste*, d'après Courbet.

Mallet. *La Seine près Jumièges*, d'après Pelouse.

Maurou. *Étienne Marcel protégeant le dauphin*, d'après J.-P. Laurens.

— *Louis le Gros octroie les premières chartes*, d'après J.-P. Laurens.

— *Exécution des Maillotins*, d'après J.-P. Laurens.

Mordant. *Apothéose des Sciences*, d'après Besnard.

Outhwaite. *L'automne*, d'après Léon Cogniet.

— *L'hiver*, d'après Léon Cogniet.

Poynot (Mlle). *Poésie*, d'après R. Collin.

Salmon. *Apothéose de Napoléon Ier*, d'après L. Cogniet.

— *Le mot d'ordre*, d'après Leleux.

Thornley. Plafond allégorique, d'après Gervex.

Toussaint. *Le Luxembourg*, d'après Harpignies.

Van de Put. Portrait de Falguière, d'après Bonnat.

Waltner. *Victor Hugo offrant sa lyre à la Ville de Paris*, d'après Puvis de Chavannes.

Willmann. *Le printemps*, d'après L. Cogniet.

— *L'été*, d'après L. Cogniet.

SCULPTURE.

Allouard. *La Source* (marbre).
— *Richelieu à la Rochelle* (plâtre).
Aubé. *Le Dante* (plâtre).
Baffier. *Jeannette* (marbre).
Barrau (G.). *Diane chasseresse* (marbre).
— *La vision du poète* (plâtre).
Barrias. *Premières funérailles* (marbre).
— *Bernard Palissy* (plâtre).
Barrau (Th.). *Salammbô et Mâtho* (marbre).
Bastet. *Madeleine* (marbre).
Béguine. *Charmeuse* (marbre).
— *La première parure* (marbre).
Berteaux (Mᵐᵉ L.). *Psyché* (bronze).
Blanchard (Jules). *La Science* (plâtre).
Boisseau. *Les fruits de la guerre* (plâtre).
Carpeaux. Buste du Prince impérial (marbre).
Cavelier. *François Iᵉʳ* (bronze).
Cornu (Vital). *Douce langueur* (marbre).
Daillion. *Le réveil d'Adam* (marbre).
Dalou. *Fontaine* (plâtre).
— *Esquisse du monument de la République* (plâtre).
David d'Angers. *Saint-Just* (marbre).
Desbois. Buste de femme (marbre).
Dubray (Vital). *L'impératrice Joséphine* (marbre).
Etcheto. *Villon* (plâtre).
Fagel. *Coltinears* (plâtre).
Fouques. *Chien de chasse* (marbre).
Frémiet. *Saint Georges* (bronze).
— *Le porte-falot* (plâtre).
— *Duguesclin* (plâtre).

Froment-Meurice (J.). *Meissonnier sur son cheval Rivoli* (bronze).
Gardet. *Le drapeau* (pierre).
— *Chien danois* (marbre gris).
Gaudez. *Lulli enfant* (bronze).
Gautherin. *Le paradis perdu* (marbre).
Girardet (Mᵐᵉ). *L'enfant malade* (plâtre).
Guglielmo (Ange). *La vieille histoire* (plâtre).
Hercule. *Turenne enfant* (bronze argenté).
— *Primevère* (marbre).
Larche (R.). *La tempête* (bronze).
Larroux (A.). *Nymphe et dauphin* (plâtre).
— *Idylle* (bois).
Marqueste. *L'Art* (plâtre).
Marquet de Vasselot. *La Pureté* (marbre).
Fix-Masseau. *Femme aux rubans* (plâtre).
Mérite. *Hallali* (plâtre).
Moine (Antonin). Buste de Marie-Amélie (marbre).
Moncel. *Le lierre* (marbre).
— *Vers l'amour* (marbre).
Octobre. *Le Remords* (marbre).
Paris (A.). *Le Temps et la Chanson* (plâtre).
Peyrol. *La lutte* (plâtre).
Plé (H.). *Écho des bois* (marbre).
Rodin. Buste d'Hugo (marbre).
Roufosse. *Premier frisson* (marbre).
Salières. *Romance d'avril* (marbre).
Turcan. *Houdon* (marbre).
Verlet. *Douleur d'Orphée* (plâtre).
Valton. *Loup sur piste* (bronze).

TABLE DES GRAVURES.

TABLE DES MATIÈRES.

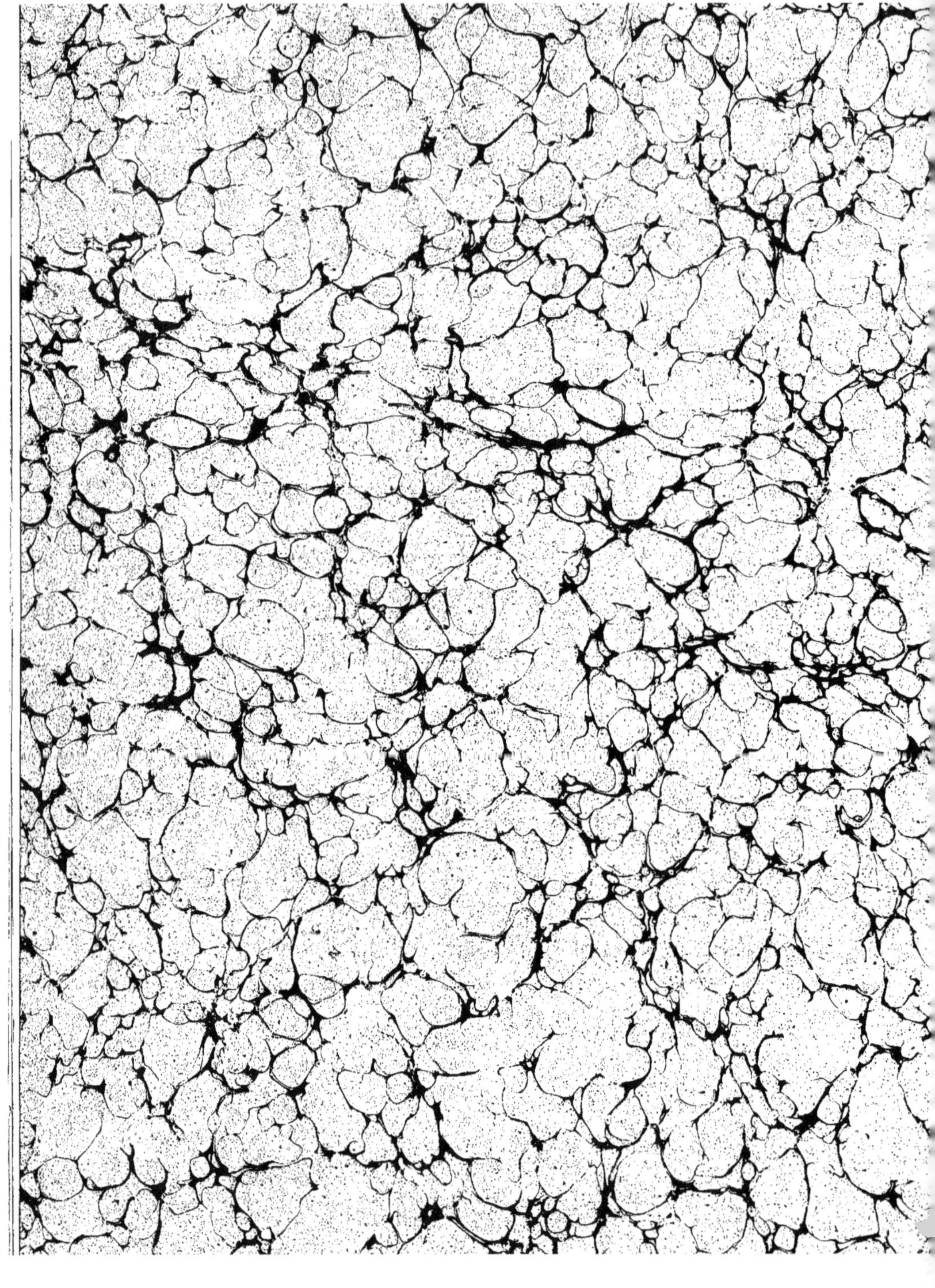

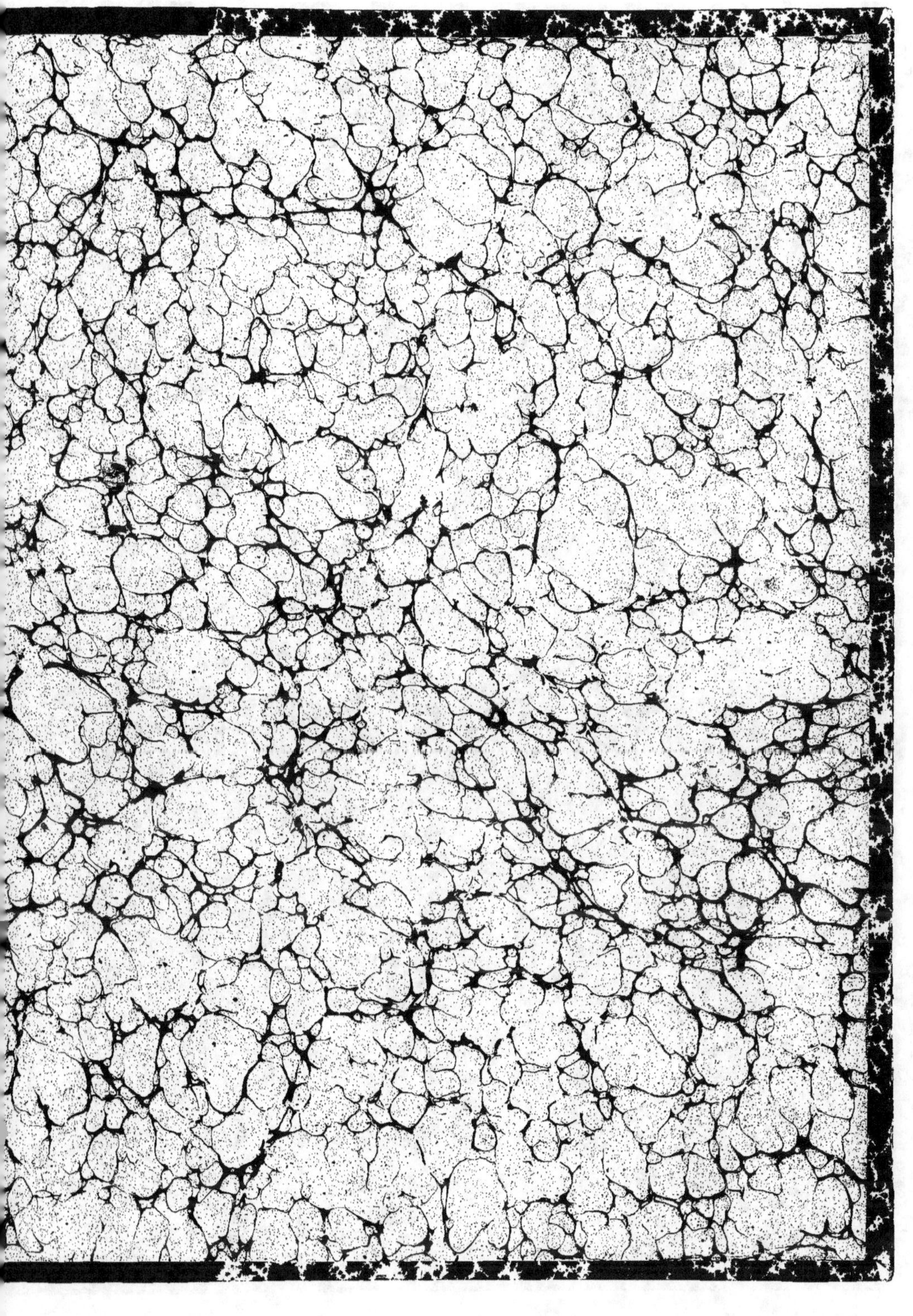